DIREITO DO CONSUMIDOR: PRESENTE E NOVAS PERSPECTIVAS

ALAN DE MATOS JORGE
Advogado, Especialista em Direito Público. Mestre em Direito. Professor do Centro Universitário Estácio de Belo Horizonte nos Cursos de Direito, Administração e Ciências Contábeis. Professor Pesquisador no Centro Universitário Estácio de Belo Horizonte. Professor convidado nos Cursos de Pós-graduação em Direito da Universidade Estadual de Montes Claros – Unimontes. Professor e Coordenador do Curso de Direito da Unipac Mariana. Membro da Comissão de Defesa do Consumidor da OAB/MG. Professor da Escola Superior de Advocacia da OAB/MG. Autor de Vários Artigos e Coautor de Livros na Área Jurídica

Direito do consumidor: presente e novas perspectivas

Del Rey
EDITORA

Belo Horizonte
2016

EDITORA DEL REY LTDA.
www.livrariadelrey.com.br

Editor: Arnaldo Oliveira

Editor Adjunto: Ricardo A. Malheiros Fiuza

Editora Assistente: Waneska Diniz

Coordenação Editorial: Wendell Campos Borges

Diagramação: Lucila Pangracio Azevedo

Revisão: RESPONSABILIDADE DOS AUTORES

Capa: CYB Comunicação

Editora / MG
Rua dos Goitacazes, 71 – Sala 709-C – Centro
Belo Horizonte – MG – CEP 30190-050
Tel: (31) 3284-5845
editora@delreyonline.com.br

D598 Direito do Consumidor: presente e novas perspectivas. / Alan de Matos Jorge (Org.). Belo Horizonte: Del Rey, 2016.
xvi + 192 p.

ISBN: 978-85-384-0433-0

1. Direito do consumidor. 2. Proteção e defesa do consumidor. I. Jorge, Alan de Matos (Org.).

CDU: 347.451.031

Nilcéia Lage de Medeiros
Bibliotecária – CRB6: 1545

ESCREVERAM NESSA OBRA

ALAN DE MATOS JORGE

Advogado. Mestre em Direito – Especialista em Direito Público – Professor de Direito do Consumidor, Direito Civil e Direito Empresarial em Cursos de Graduação e Pós-graduação no Estado de Minas Gerais – Professor de Direito Civil, Direito Empresarial, Introdução ao Estudo do Direito e Direito do Consumidor no Centro Universitário Estácio de Sá de Belo Horizonte – Professor Convidado na Universidade Estadual de Montes Claros/MG – UNIMONTES (Pós-Graduação) – Coordenador do Curso de Direito da Universidade Presidente Antônio Carlos – UNIPAC – Unidade Mariana/MG – Professor de Direito Civil, Direito do Consumidor e Direito Empresarial no Curso de Direito da Universidade Presidente Antônio Carlos – UNIPAC – Unidade Mariana/MG – Professor da Escola Superior de Advocacia da OAB/MG. Membro da Comissão de Defesa do Consumidor da OAB/MG.

BERNARDO DRUMOND DE MATOS NOGUEIRA

Advogado Especialista em Direito Empresarial pelo CAD-Centro de Atualização em Direito, Membro da Comissão de Defesa do Consumidor da OAB/MG.

BRUNO DE ALMEIDA LEWER AMORIM

Advogado, graduado em Direito pela Faculdade de Direito Milton Campos; Sócio-Diretor da Contratto Advocacia – Lewer, Pellegrinelli & Saraiva Sociedade de Advogados; Assessor Especial da Presidência da OAB/MG; Mediador de Conflitos especializado em Relações de Consumo pelo Centro de Estudos e Pesquisas Jurídicas – CEBEPEJ e pelo Instituto Brasileiro de Defesa do Consumidor – IDEC; Palestrante do Curso Os X Mandamentos do Consumidor Moderno.

HUDSON GILBERT DE OLIVEIRA

Graduado e Pós-Graduando em Direito Processual pela PUC MG. Advogado da Torres, Oliveira & Freitas Advogados. Ex-professor Substituto de Prática Processual da PUC/MG – Contagem. Membro da Comissão de Direito do Consumidor da OAB/MG.

JÚLIO MORAES OLIVEIRA

Advogado – Mestre em Instituições Sociais, Direito e Democracia, pela Universidade FUMEC – Especialista em Advocacia Civil pela Escola de Direito de São Paulo da Fundação Getúlio Vargas – FGV-EDESP –

Bacharel em Direito pela Faculdade de Direito Milton Campos – FDMC. Membro da Comissão de Defesa do Consumidor da Ordem dos Advogados do Brasil – Seção Minas Gerais. Professor da FAPAM – Faculdade de Pará de Minas e da Faculdade Asa de Brumadinho. Email: juliomoliveira@hotmail.com

LILLIAN JORGE SALGADO

OAB-84841 Advogada. Pós-graduada Latu Sensu em Direito Empresarial pela IEC/PUC/MG, Belo Horizonte, MG. Atuante em Direito do Consumidor e Ações Coletivas. Membro da Comissão de Defesa do Consumidor da OAB/ MG. Coordenadora das ações coletivas da extinta ANDEC – Associação Nacional dos Consumidores de Crédito. Ex-Conselheira do Conselho Gestor do Fundo Estadual de Defesa do Consumidor de Minas Gerais.

MARCELO RODRIGO BARBOSA

Coordenador do Procon da Assembleia Legislativa do Estado de Minas Gerais e Presidente da Comissão de Defesa do Consumidor da Ordem dos Advogados do Brasil – Seção Minas Gerais.

MARLUS KELLER RIANI

Doutorando em Direito Civil pela Universidade de Coimbra/Portugal.

Mestre em Direito Empresarial pela Faculdade Milton Campos. Pós-graduado em Direito dos Contratos e Consumo pela Universidade de Coimbra. Advogado e Membro da Comissão de Defesa do Consumidor da OAB/MG.

PAULO DE TARSO MARIANO

Advogado, Especialista em Direito do Trabalho e Previdenciário, Membro da Comissão de Defesa do Consumidor da Ordem dos Advogados do Brasil – Seção Minas Gerais.

PLÍNIO AUGUSTO LOUREIRO FRANCISCO

Advogado. Pós-graduado em Direito Civil e Processo Civil. Membro da Comissão de Defesa do Consumidor da OAB/MG.

THIAGO AUGUSTO DE FREITAS

Graduado e Pós-Graduado em Direito pela PUC MG. Advogado da Torres, Oliveira & Freitas Advogados. Professor de Direito das Sucessões e do Consumidor da NEWTON, BH. Membro da Comissão de Direito do Consumidor da OAB/MG. Conselheiro do Conselho Municipal de Defesa do Consumidor COMDECON/BH.

SUMÁRIO

PREFÁCIO

É com grande satisfação que recebi o honroso convite da Comissão de Defesa do Consumidor da Ordem dos Advogados do Brasil – Seccional Minas Gerais, por intermédio de seu Presidente, Dr. Marcelo Barbosa, para prefaciar esta contribuição importante e original da entidade de classe, com o propósito de promover a efetividade do direito do consumidor no Brasil.

A atualidade e relevância dos temas escolhidos pelos autores merecem destaque. Todas, questões de alta indagação, impregnadas pela preocupação de encontrar soluções para problemas atuais do direito do consumidor, seja em relação à interpretação que assegure maior efetividade, assim como uma agudo olhar sobre o futuro e a necessidade de aperfeiçoamento normativo e da operabilidade do direito do consumidor.

É assim que a Dra. Lillian Jorge Salgado preocupa-se com a efetividade da tutela coletiva em seu artigo "As ações coletivas de consumo: presente e futuro" no qual versa sobre necessárias mudanças sobre o nosso sistema de tutela coletiva, que tanto deve ao direito e ao Código de Defesa do Consumidor.

O Dr. Alan de Matos Jorge, por sua vez, ocupa-se do tema da atualização do Código de Defesa do Consumidor em matéria de comércio eletrônico, observando a necessidade das modificações objeto do Projeto de Lei do Senado 281, e indicando o sentido destas alterações, que devem ser sempre orientadas à ampliação de direitos e garantias do consumidor.

Outro tema que merece atenção, e que em certa medida é uma das causas imediatas da "crise" do Poder Judiciário e desafio à efetividade do direito e da atividade jurisdicional é objeto de arguto exame por parte do Dr. Marcelo Rodrigo Barbosa, em artigo intitulado "Pequenas lesões, grandes negócios: a estratégia de enriquecimento ilícito do fornecedor". Como bem mostra o autor, a realidade na qual grandes fornecedores negam-se a qualificar seu atendimento e a composição de conflitos, legando ao Poder Judiciário milhares de ações idênticas, versando sobre valores reduzidos, inclusive menores do que o custo de manter-se o processo judicial, não é obra do acaso, mas de uma estratégia lucrativa que desafia a autoridade do Direito, custeada indiretamente por recursos orçamentários.

O Dr. Paulo de Tarso Mariano, de sua vez, contribui com interessante reflexão sobre a importância de examinar-se a facilitação do acesso à justiça, em especial nos juizados especiais cíveis, como um direito subjetivo público de elevado grau, e não como espécie de "justiça de segunda classe", com desrespeito aos direitos e garantias dos cidadãos. Neste passo, destaca-se o protagonismo do advogado no exercício de função essencial à justiça e a necessidade de sua permanente valorização.

Ainda no tema do acesso à justiça, discussão de relevância prática indiscutível mereceu atenção do Dr. Marlus Keller Riani, cujo culto trabalho intitula-se "Foro competente nas ações individuais de consumo: consumidor europeu, português e brasileiro". De fato, a regra havida no direito brasileiro, sobre o domicílio do consumidor, não se põe como solução pronta e acabada, devendo orientar-se a reflexão sobre o tema, sobre a necessidade de assegurar-se o melhor interesse do consumidor e a facilitação do exercício dos seus direitos, afinal direito básico asegurado pelo art. 6º, inciso VIII, do CDC. O exame de direito comparado neste aspecto ajuda a compreender as nuances do direito brasileiro, em especial frente às festejadas inovações do novo Código de Processo Civil.

Bernardo Drumond Matos Nogueira, em seu trabalho intitulado "Da inclusão do dano de transtorno como espécie dos danos extrapatrimoniais indenizáveis", traz com acuidade a reflexão acerca de nova causa reconhecida para danos extrapatrimoniais, decorrente da conduta reiterada e desidiosa do fornecedor que tem por resultado a afetação da integridade psíquica do consumidor.

A importância da confiança nas relações de consumo, de sua vez, é o objeto da reflexão de Bruno de Almeida Lewer Amorim em artigo intitulado "Consumir: uma questão de confiança".

Plinio Augusto Loureiro Francisco, de sua vez, escreve artigo intitulado "associações de proteção veicular: incidência do código de defesa do consumidor", acerca do controvertido tema presente na realidade mineira.

A disciplina da oferta e da publicidade nas relações de consumo é objeto da reflexão de Julio Moraes Oliveira, em interessante artigo no qual detalha estes importantes aspectos da fase pré-contratual e sua previsão no Código de Defesa do Consumidor.

E, por fim, Hudson Gilbert de Oliveira e Thiago Augusto de Freitas, enfrentam em artigo intitulado "A repercussão processual do requisito má-fé para a condenação de repetição de indébito à luz do Código de Defesa do Consumidor", tema que embora previsto expressamente no art. 42 do Código de Defesa do Consumidor, ainda sucita na doutrina e na jurisprudência, questões quanto a aplicabilidade da sanção de devolução em dobro, e a exigibilidade ou não da má-fé do fornecedor.

Por todas as razões, esta obra editada pela OAB/MG merece a recepção entusiasmada de todos os estudiosos e entusiastas do direito do consumidor, sendo de grande utilidade para os juristas em geral, ao mesmo tempo em que marca o compromisso da advocacia mineira com a defesa da efetividade dos direitos do consumidor como expressão do Estado Democrático de Direito consagrado no Brasil.

Deseja-se a todos, uma proveitosa leitura.

Bruno Miragem

Advogado. Doutor e Mestre em Direito

Professor da Universidade Federal do Rio Grande do Sul – UFRGS

Presidente do Instituto Brasileiro de Política e Direito do Consumidor – BRASILCON.

APRESENTAÇÃO

A Ordem dos Advogados do Brasil – seção Minas Gerais (OAB-MG) é uma instituição reconhecida pela defesa da Constituição, do ordenamento jurídico, dos direitos humanos, cujo esforço é todo direcionado, enfim, à administração da justiça social. Fiel a esse compromisso histórico, ao representar a classe dos advogados, a OAB mineira procura orientar suas iniciativas na direção dos valores mais elevados. Essa missão deve, tanto quanto possível, beneficiar toda a coletividade de cidadãos.

O exercício da cidadania, por sua vez, passa pelo respeito aos direitos do consumidor e, para fazer respeitar seus direitos, cada um deve, primeiramente, conhecer os institutos que os resguardam. Atenta a essa realidade e fiel à sua missão, é com grande satisfação que a Comissão de Defesa do Consumidor da OAB-MG entrega à comunidade jurídica de nosso País o presente livro, cuja finalidade é auxiliar na contínua e necessária reflexão sobre inúmeros assuntos do direito consumerista da atualidade.

A iniciativa não visa esgotar os assuntos aqui tratados, mas, precipuamente, convidar os leitores a uma reflexão mais aprofundada sobre os diversos temas que compõe a atualidade deste importantíssimo ramo do Direito. Com esta iniciativa pioneira, a OAB-MG e sua Comissão de Defesa do Consumidor esperam contribuir para o aprimoramento das relações de consumo. Sua meta é reduzir as possibilidades de conflito entre as partes por meio da disseminação de conhecimentos atuais e, desse modo, colaborar para o desenvolvimento de uma sociedade mais consciente e amadurecida.

É com esses pensamentos que lançamos este livro!

Luis Cláudio da Silva Chaves
Presidente da Ordem dos Advogados do Brasil
Seção Minas Gerais

NOTA DO ORGANIZADOR

A presente obra intitulada "DIREITO DO CONSUMIDOR: presente e novas perspectivas" é fruto de estudos dos membros da Comissão de Defesa do Consumidor da Ordem dos Advogados do Brasil – Seção Minas Gerais que, juntamente com colaboradores, aceitaram o desafio de discorrer sobre diferentes assuntos contemporâneos do Direito do Consumidor, dentro da linha temática "o presente e as novas perspectivas do direito consumerista brasileiro".

Todos os artigos tiveram como pano de fundo a Lei nº 8.078, de 11 de setembro de 1990, nosso conhecido Código de Defesa do Consumidor [CDC]. Aliás, neste ano de 2015, no mês de setembro, o CDC completou 25 anos de promulgação, o que deve ser comemorado por toda a sociedade brasileira, considerando-se a importância da Lei em referência para o nosso país e para todos os consumidores.

A primeira proposta do presente livro é o aprofundamento de temas específicos da contemporaneidade do direito consumerista. Para atingir tal desiderato, os autores discorreram sobre os seguintes temas: ações coletivas de consumo; atualização do Código de Defesa do Consumidor na seara do comércio eletrônico; estratégias de enriquecimento ilícito por parte dos fornecedores; *Jus Postulandi* nos conflitos consumeristas; foro competente nas ações individuais de consumo: consumidor europeu, português e brasileiro; dano de transtorno como espécie dos danos extrapatrimoniais indenizáveis; confiança nas relações de consumo; associações de proteção veicular e a incidência do CDC; aspectos relevantes da oferta e publicidade no mercado de consumo e, por fim, a repercussão processual do requisito má-fé para a condenação de repetição de indébito à luz do CDC.

Pelas temáticas acima, percebe-se facilmente que o presente livro aborda os mais variados assuntos, apresentando-se como leitura complementar obrigatória para todos os profissionais do Direito que atuam na seara do direito consumerista e que querem um maior aprofundamento sobre temáticas específicas.

A segunda proposta do presente livro é a de contribuir para o aprofundamento dos debates e estudos relativos ao CDC. Como dito acima, o Direito do Consumidor é matéria que faz parte do nosso cotidiano, da nossa vida, da nossa existência, levando em consideração que somos seres que consumimos para a nossa sobrevivência, para o nosso conforto, para o nosso entretenimento, enfim, consumimos constantemente para a satisfação das nossas mais variadas necessidades e interesses.

Assim, é com grande satisfação que entregamos o presente livro para a comunidade jurídica de nosso país.

ALAN DE MATOS JORGE

Organizador. Advogado. Mestre em Direito. Professor do Centro Universitário Estácio de Sá de Belo Horizonte. Coordenador do Curso de Direito da UNIPAC–Unidade da Cidade de Mariana/MG. Membro da Comissão de Defesa do Consumidor da OAB/MG. Professor da Escola Superior de Advocacia da OAB/MG

AS AÇÕES COLETIVAS DE CONSUMO: PRESENTE E FUTURO

Lillian Jorge Salgado[1]

1. INTRODUÇÃO

No Brasil, cresce, diariamente, a indústria das lesões, demarcando práticas ilegais, condutas criminosas no objetivo de busca do lucro desenfreado por parte de grandes fornecedores.

Os milhares de processos na justiça sobrecarregam o judiciário, de modo que vêm ocorrendo várias reformas no CPC, com regras visando a minimizar o números de processos, a exemplo das súmulas vinculantes (art. 103 –A da CF/1988), súmulas impeditivas de recurso (art. 518, §1º, do CPC), julgamentos de recursos por amostragem (art. 543-B e 543-C do CPC), o que ainda não é suficiente para desafogar o poder judiciário.

Muito se fez no país pela conscientização dos direitos, mas tornou-se crescente o número de consumidores buscando os seus direitos na justiça, e a demanda individual não consegue frear os abusos. Muitas vezes, o valor econômico da demanda não compensa, e muitos deixam de lutar pelos seus direitos, o que incentiva os fornecedores a lesarem ainda mais os consumidores.

---

[1] ***OAB-84841*** Advogada. Pós-graduada *Latu Sensu* em Direito Empresarial pela IEC/PUC/MG, Belo Horizonte, MG. Atuante em Direito do Consumidor e Ações Coletivas. Membro da Comissão de Defesa do Consumidor da OAB/MG. Coordenadora das ações coletivas da extinta ANDEC- Associação Nacional dos Consumidores de Crédito. Ex-Conselheira do Conselho Gestor do Fundo Estadual de Defesa do Consumidor de Minas Gerais.

Nesse sentido, a proposta neste trabalho é proceder à reflexão sobre a importância das ações de consumo no cenário nacional, e à análise das problemáticas atuais, inerentes à utilização do Código de Defesa do Consumidor, como instrumento harmonizador do processo coletivo, bem como retratar a incompreensão do poder judiciário ao sistema coletivo e a suas perspectivas para o futuro.

2. AS AÇÕES COLETIVAS DE CONSUMO

As ações coletivas de consumo possuem origens remotas, e se inspiram em modelo americano.

2.1 Origem no Brasil

A ação coletiva não é um fenômeno contemporâneo, pois se trata de uma forma de estruturação do litígio judicial que já existe há pelo menos oito séculos, apesar de se vislumbrarem diferenças importantes entre as primeiras ações medievais, as modernas e as contemporâneas, conforme estudo de Leal (1988).

No entanto, do mesmo modo que as outras áreas do Direito, somente no último século que tais ações receberam a garantia constitucional de direitos fundamentais. (v.g, art. 5º, inc. XXXV, LXX, LXXIII e 129, inc.III da CF88) (DIDIER JR. e FREDIE, JR., 2013, p. 25).

Gregório Assagra de Almeida manifesta-se sobre essa ação ponderando que

> A autonomia do Direito Processual Coletiva pode ser considerada hoje, pelo menos no Brasil, um novo ramo do direito processual brasileiro que se consagrou a partir da Constituição da República Federativa do Brasil de 1988 e pode ser fundamentada nos seguintes dispositivos: art.1º, que instituiu o Estado Democrático de Direito, art.5º, XXXV, que passou a garantir o acesso amplo à justiça, seja para a tutela de direitos individuais, seja para a tutela de direitos coletivos em sentido lato; o art. 129, III, que deu dignidade constitucional à ação civil pública para a tutela de quaisquer direitos ou interesse difusos e coletivos; e art. 102, I, a, §§ 1º e 2º, 103 e 125, § 2º, disposições constitucion ais, essas referentes ao controle concentrado das constitucionais das leis, que é objetivo

do denominado direito processual coletivo especial. (ALMEIDA, 2003, p. 37)

No Brasil, as ações coletivas, inspiradas no modelo da *class action* do sistema norte-americano processual coletivo, surgiram com o advento da edição da Lei da Ação Popular (Lei 4.717/1965), seguindo-se a Lei da Ação Civil Pública – LACP (Lei 7.347/1985), Constituição Federal de 1988 – que instituiu o mandado de segurança coletivo, do Estatuto da Criança e do Adolescente (Lei 8.069/1990), do Código de Defesa do Consumidor – CDC (Lei 8.078/1990) e da lei que regula a ação de improbidade administrativa (Lei 8.429/1992).

O crescimento dos danos em massa demandou do legislador a concepção de um instrumento moderno e eficaz para o combate desses abusos, o que resultou na criação do ordenamento jurídico CDC, inspirado no modelo norte-americano – *class action*, em que, segundo a Processualista Ada Pellegrini Grinover, destaca-se, entre as inovações processuais mais relevantes, a ação coletiva ressarcitória dos danos pessoalmente sofridos pelos consumidores ou vítimas da compra ou aquisição de produtos e serviços. Aquele modelo foi guiado pelo ordenamento do Direito romano – germânico, *dos torns mass cases* ou *class action for damages* do sistema *common Law.* (GRINOVER et al., 1999, p. 705)

2.2 *O código de Defesa do Consumidor e sua importância na integração ao microssistema do direito coletivo*

Atualmente, o Código de Defesa do Consumidor (art. 90)[2] ,em conjunto com a LACP Lei da Ação Civil Pública (art. 21)[3], constituiu um microssistema integrado de tutela para a defesa e os direitos coletivos *lato senso*, sendo de grande relevância para a proteção dos direitos ou interesses massificados, e suas disposições processuais constituem normas "sobre direito processual coletivo comum". (ALMEIDA, 2003, p. 361)

---

2 Art. 90 – Aplicam-se às ações previstas neste título as normas do Código de Processo Civil e da Lei n° 7.347, de 24 de julho de 1985, inclusive no que respeita ao inquérito civil, naquilo que não contrariar suas disposições.

3 Art. 21 – Aplicam-se à defesa dos direitos e interesses difusos, coletivos e individuais, no que for cabível, os dispositivos do Título III da lei que instituiu o Código de Defesa do Consumidor. (Incluída a Lei nº 8.078, de 1990)

Assim, as disposições do CDC e da lei ACPC dialogam entre si a partir do disposto do art. 21 da lei e do art. 117 do CDC. Dessa forma, o sentido e o alcance estabelecidos no Título III do CDC – Da Defesa do Consumidor em Juízo e as disposições da LACP – são interdependentes, orientados sempre pela aplicação de ambas as normas pela maior efetividade da proteção e dos direitos difusos, coletivos e individuais homogêneos (MARQUES, 2006, p. 1248.)[4]

O CDC prestou grande avanço às ações coletivas no Brasil, proporcionando um passo decisivo à defesa dos direitos metaindividuais e individuais homogêneos, ao instituir no art. 81[5] a possibilidade da defesa dos interesses e direitos em juízo, individualmente ou a título coletivo, ocasionando as Ações Coletivas de Consumo como marco essencial para o processo coletivo, pois também propiciou a definição e a classificação dos direitos passíveis de proteção por meio da tutela coletiva, os direitos difusos, coletivos e individuais homogêneos.

É fato que o CDC se inovou inspirado nas *class actions*, acrescendo novidade aos direitos pelos artigos 110 a 117. A coisa julgada foi ampliada do objeto do processo, seja nos seus limites subjetivos, no sentido de estender o seu alcance aos direitos individuais (art. 103), conferindo a isenção de custas processuais, isentando associação autora de condenação sem honorários do advogado, custas e despesas processuais, seja incentivando as entidades a interporem ações coletivas. Acarretou, ainda, a regulamentação da litispendência (art. 104) e

---

4 Bruno Miragem. **Comentários ao Código de Defesa do Consumidor**, in: Marques (2006, p. 1248)

5 Art 81. A defesa dos interesses e direitos dos consumidores e das vítimas poderá ser exercida em juízo, individualmente, ou a título coletivo.
Parágrafo único. A defesa coletiva será exercida quando se tratar de:
I – interesses ou direitos difusos, assim entendidos, para efeitos deste código, os transindividuais, de natureza indivisível, de que sejam titulares pessoas indeterminadas e ligadas por circunstâncias de fato;
II – interesses ou direitos coletivos, assim entendidos, para efeitos deste código, os transindividuais, de natureza indivisível de que seja titular o grupo, categoria ou classe de pessoas ligadas entre si ou com a parte contrária por uma relação jurídica base;
III – interesses ou direitos individuais homogêneos, assim entendidos os decorrentes de origem comum.

criou um microssistema de tutela coletiva ao fazer inserir na LACP a perfeita interação dos dois diplomas (GRINOVER, 1991, p. 141-42).

Nesse sentido, pelo menos para as finalidades práticas que se impõem, o diploma em foco tornou-se um verdadeiro "Código Brasileiro de Processos Coletivos", um ordenamento processual geral para a tutela coletiva (GIDI, 2013, p. 77).

Na lição de Didier JR. e Fredie, JR. (2013), entende-se que o CPC pode ser considerado um mero diploma residual, e o seu efeito sobre o processo coletivo deve ser sempre reduzido, evitando-se disciplinar as demandas coletivas com institutos desenvolvidos para processos individuais. Acreditam os autores que, com o advento do Código Brasileiro de Processos Coletivos, essa situação se consolida no CBPC que será o diploma harmonizador dos processos coletivos no Brasil.

2.3 A defesa coletiva em juízo – a tutela dos direitos coletivos lato sensu

No momento atual, o instituto jurídico dispõe de um grande instrumento que é o CDC, pois este define que a defesa dos interesses e direitos dos consumidores e das vítimas poderão ser exercidos em juízo, individualmente, ou a título coletivo (81 caput da Lei 8.078/90). A defesa coletiva *(lato sensu)* será exercida quando se tratar de se defender interesses **difusos, coletivos ou individuais homogêneos.**

O artigo 81 do Estatuto Consumerista possibilita o ajuizamento de ações coletivas para a defesa dos direitos metaindividuais, que se dividem em direitos difusos (inciso I), direitos coletivos (inciso II) e direitos individuais homogêneos (inciso III).

Os interesses difusos são transindividuais (aspecto subjetivo), indivisíveis (aspecto objetivo), e oriundos de uma circunstância ou uma situação fática. Nas ações coletivas para a defesa dos direitos difusos, a sentença fará coisa julgada *erga omnes,* no caso de sentença procedente nos termos do art. 103, I do CDC[6].

---

[6] Art. 103 – Nas ações coletivas de que trata este código, a sentença fará coisa julgada: I – *erga omnes*, exceto se o pedido for julgado improcedente por insuficiência de provas, hipótese em que qualquer legitimado poderá intentar outra

Para exemplificar, expõe-se que: Recentemente, foi publicada a sentença nos autos da Ação Civil Coletiva, nos autos do processo n. **0024.06.255.350-8**[7] interposta por uma entidade de defesa do consumidor contra uma instituição financeira que determinou que

> (...) em todas as suas publicidades, de qualquer mídia (impressa, eletrônica e digital), advertência aos consumidores de cartão de crédito sobre o risco de superendividamento e ainda determinar que o réu conste expressamente em todas as suas publicidades, de qualquer mídia (impressa, eletrônica e digital), advertências aos consumidores idosos de cartão de crédito sobre risco do superendividamento decorrente do consumo de crédito; com abordagens de forma clara e precisa sobre comprometimento da renda, a impossibilidade de desvincular as despesas da conta benefício, o limite de crédito e a utilização consciente do crédito.

Observa-se que essa sentença atinge a todos os consumidores, um número igual de imaginável de titulares, ou seja, milhares de aposentados e idosos do país e todas aquelas pessoas que assistirem à publicidade com a ordem judicial serão atingidas por tal norma, não havendo como diferenciar e, ou delimitar a extensão da sentença.

No tocante aos interesses coletivos, são transindividuais (aspecto subjetivo), indivisíveis (aspecto objetivo) e decorrentes de uma relação jurídica base, como, por exemplo, com relação aos interesses individuais homogêneos, que são individuais (aspecto subjetivo), divisíveis (aspecto objetivo) e de origem comum (mesma causa). Neste caso, a coisa julgada será "ultra partes", mas limitada ao grupo, categoria ou classe, nos termos do art. 103, II.[8]

Em suma, sendo o direito indivisível, e o grupo determinável, estando ligada a parte demandada por uma relação jurídica comum e básica, está-se, pois, diante de interesses coletivos (MAZZILI, 2000,

---

ação, com idêntico fundamento valendo-se de nova prova, na hipótese do inciso I do parágrafo único do art. 81;

7 Sentença proferida pelo Juiz de Direito, 0024.06.255.350-8 nos autos da ação civil coletiva ANDEC/POLISDEC X BMG, que tramita perante à 29ª Vara Cível da Comarca de Belo Horizonte MG, publicada em 13 maio de 2013.

8 Art. 103, II – *ultra partes*, mas limitadamente ao grupo, categoria ou classe, salvo improcedência por insuficiência de provas, nos termos do inciso anterior, quando se tratar da hipótese prevista no inciso II do parágrafo único do art. 81;

p. 49). Nesses termos, há de se enfatizar que os direitos transindividuais indivisíveis de um grupo, determinado ou determinável, são coletivos, reunidos por uma relação jurídica básica (MAZZILI, 2000, p. 112). Para ilustrar, o referido autor comenta um aumento ilegal ocorrido nas prestações de dado consórcio:

> O interesse em ver reconhecida a ilegalidade do aumento é compartilhado pelos integrantes do grupo de forma indivisível e não quantificável: a ilegalidade do aumento não será maior para quem tenha mais cotas: a ilegalidade será igual para todos (interesse coletivo). (MAZZILI, 2000, p. 47)

Outro exemplo semelhante é evidenciado por Nelson Nery Júnior a respeito da obrigatoriedade de se manter coletivo o direito de alunos de toda e qualquer escola receberem educação de qualidade assegurada, em todos os níveis de ensino e, ou cursos (NERY JR., 1999).

Já os interesses definidos no art. 81, parágrafo único, inciso III, do Código de Defesa do Consumidor, são denominados interesses ou direitos individuais homogêneos, ou seja, aqueles decorrentes de origem comum, individuais e divisíveis, cuja tutela é postulada coletivamente, em razão dessa origem comum, tornando-os espécie de direito coletivo para facilitar a defesa dos consumidores, evitando-se decisões jurisprudenciais controversas. Nesse caso, os efeitos da coisa julgada será *erga omnes*, apenas no caso de procedência do pedido, para beneficiar todas as vitimas e seus sucessores, nos termos do art. 103 do CDC, III.[9]

Os interesses difusos e coletivos (em sentido estrito) são essencialmente coletivos (em sentido amplo), ao passo que os interesses ou individuais homogêneos são coletivos somente na forma em que são tutelados.

É importante observar que, de um mesmo fato jurídico, pode ser violado um interesse difuso, assim como interesses coletivos e individuais homogêneos, possibilitam, nos dois primeiros casos, o ajuizamento de uma ação civil coletiva para a proteção dos interesses difusos e coletivos, e, no segundo caso (interesses individuais homogêneos),

---

9 Art. 103, III – *erga omnes*, apenas no caso de procedência do pedido, para beneficiar todas as vítimas e seus sucessores, na hipótese do inciso III do parágrafo único do art. 81.

a propositura de uma ação civil coletiva de responsabilidade por danos individualmente sofridos (art. 91 Código de Defesa do Consumidor).

O tipo de pretensão material e de tutela jurisdicional pleiteada é que caracterizará o interesse que se busca defender (difuso, coletivo ou individual homogêneo), e o que permite classificar esses direitos é a natureza da "pretensão material" e da "tutela jurisdicional" que se busca na ação judicial (GRINOVER et al., 1999, p.705).

Conforme asseverado anteriormente, a relação jurídica base consiste no próprio vínculo oriundo da prestação de serviços contratada entre as partes. E, nesse diapasão, Nelson Nery Júnior esclarece que o critério para distinguir cada qual reside na forma como é exposta a causa de pedir, e qual o pedido elaborado, determinando-se o conflito de interesses trazido ao processo– *res in judicium deducta* (NERY JR., 1999, p. 1864).

Considerando-se uma ação civil coletiva, interposta por uma entidade de defesa do consumidor contra um banco, em que se discute a nulidade da cláusula abusiva para a cobrança de TLA – Tarifa de Liquidação Antecipada. In *casu,* observa-se tratar de direitos coletivos, nos termos do artigo 81, II do CDC, já que se pleiteia a nulidade de cláusula contratual que estipula o pagamento de uma tarifa, na hipótese de liquidação antecipada do débito, e direitos individuais homogêneos, nos termos do art. 81, III do CDC, uma vez que a ação também visa ao objeto devolução dos valores cobrados indevidamente de cada um dos consumidores lesados pela Instituição financeira.

Desse modo, tem-se que todos os consumidores que foram e vierem a ser vítimas da cobrança de TLA – Tarifa de Liquidação Antecipada pelo banco réu da ação coletiva – constituem os titulares do direito coletivo sob comento, uma vez que somente a eles interessa o pedido elaborado nessa ação, ou seja, a proibição da tarifa de liquidação antecipada e a nulidade dos contratos já celebrados.

O traço coletivo da referida demanda é que os contratantes mantêm com o banco réu, em sentido genérico, um mesmo tipo de contrato, que estabelece uma cláusula abusiva, que prevê a cobrança de taxas abusivas, denominadas pela instituição financeira como tarifa de liquidação antecipada no caso de financiamento.

Além disso, os interesses dos consumidores têm contornos de homogeneidade a que se refere o artigo 81, III do CDC, à medida que o reconhecimento da demanda acarretará direito ao ressarcimento individualizado dos valores indevidamente pagos pelos consumidores.

Logo, todos os valores cobrados a maior dos consumidores, em decorrência das tarifas abusivas dos contratos de financiamento celebrado com esse banco, deverão ser restituídos aos consumidores nos termos do parágrafo único do art. 42 do CDC. Os consumidores lesados pelo banco, após o trânsito em julgado, poderão liquidar os seus direitos de forma individual, nos termos do art. 103, III.

Essa categoria de consumidores é titular de direitos e interesses definidos pelo art. 81, parágrafo único, inciso III, do Código de Defesa do Consumidor, denominados interesses ou direitos individuais homogêneos, ou seja, aqueles decorrentes de origem comum, individuais e divisíveis, cuja tutela é postulada coletivamente em razão dessa origem comum, tornando-os espécie de direito coletivo para facilitar a defesa dos consumidores e evitando-se decisões jurisprudenciais controversas.

Dessa forma, compreende-se que o exercício coletivo dos direitos individuais homogêneos não ficou limitado à natureza do direito violado, porque atende a um chamamento de ordem pública, superando qualquer classificação restritiva ao exercício da garantia que o CDC coloca à disposição, no art. 81, parágrafo único, inciso III. Destarte, questões que envolvem considerável litigiosidade social, pela quantidade de população atingida, mesmo envolvendo direitos individualmente restritos, logram um interesse social relevante a justificar a via coletiva e o emprego da presente ação coletiva.

Vale salientar que as Ações Civis Coletivas podem assegurar uma proteção efetiva dos direitos vulnerados no âmbito de uma sociedade de consumo de massa. Evita-se, assim, a pulverização de litígios similares e, ao mesmo tempo, assegura-se a economia processual e a efetividade na defesa dos direitos positivados na legislação pátria.

3. GARGALOS DA EFETIVIDADE

É recorrente a indagação a respeito de as ações coletivas oportunizarem (ou não) a devida efetividade da lei por parte dos tribunais.

3.1 *A questão cultural, socioeconômica e política*

Embora tenha havido avanços na legislação, desde o advento do CDC, também houve retrocessos os quais podem ser observados em jurisprudências[10]. Esses atrasos denotam fins políticos e econômicos e impedem a real efetividade nas demandas coletivas para a defesa dos consumidores em massa.

E, nesse sentido, elucidou Norberto Bobbio que, "descendo do plano ideal ao real, uma coisa é falar dos direitos dos homens, direitos sempre novos cada vez mais extensos, e justificá-los com argumentos convincentes; outra coisa é garantir-lhes uma proteção efetiva" (citado por ALMEIDA, 2003, p. 63).

Na prática, atualmente, os operadores de direitos sofrem restrições para conferir efetividade às ações coletivas no Brasil, pois, no direito real, a tutela coletiva ainda não afiança a anunciada proteção das ações coletivas de consumo, de modo que esses retrocessos e restrições canalizam-se em direção ao Estado e aos Grandes Fornecedores como os campeões de reclamações[11].

Corroborando esses raciocínios, é importante destacar as denodadas palavras da jurista Ada Pellegrini Grinover:

> (...) as ações coletivas progrediram muito no nosso sistema positivo e continuaram a evoluir, a única nota dissonante, nesse cenário, é a atitude do governo, que tem utilizado Medidas Provisórias para inverter a situação, com investidas contra a ação civil pública, tendendo a diminuir a sua eficácia, limitar o acesso a justiça, frustrar o movimento associativo, reduzir o papel do Poder Judiciário. O legislativo, complacente ou desatento, não tem sabido resistir a tais ataques, secundando a ação do governo. A salvação só pode estar nos tribunais, devendo os advogados e o Ministério Público a ele recorrer, alimentando-os com a interpretação adequada da

---

[10] O julgamento do **RESP. 1070896** determinou que a prescrição nas ações coletivas fosse quinquenal, deixando milhares de poupadores à mercê dos bancos.

[11] Bancos e operadoras de telefonia voltaram a liderar o ranking de reclamações registradas pelo Procon-SP durante todo o ano de 2012, conforme divulgou o órgão na última terça-feira. Observe-se o ranking com as 50 empresas com maior número de reclamações registradas no órgão. WWW.procon.sp.gov.br/pdf/acs_ranking_2012.pdf.

> norma, a fim de que a resposta jurisdicional reflita as linhas mestras dos processos coletivos e os princípios gerais que os regem, que não podem ser involutivos. (GRINOVER, 2005)

Além da questão política, destacam-se outros entraves ao processo coletivo, de origem cultural, tendo como causa primordial a falta de conhecimento dos direitos dos brasileiros, pouco acostumados a captar meios alternativos para as controvérsias, principalmente nas demandas em séries. A esse respeito, Sérgio Cruz Arenhart ensina:

> A via coletiva seria, como já demonstrado, aquela que mais se ajustaria ao cânone da proporcionalidade pan-processual, porém, é evidente o seu desprestigio em relação às ações individuais desses interesses. Cabe, porém, indagar quais sãos os elementos culturais que contribuem para essa resistência à tutela coletiva. (ARENHART, 2013, p. 62)

Tal ajuizamento suscita que, além da origem cultural, outros fatores da carência de efetividade nas ações coletivas são relevantes: o pensamento individualista do legislador e também do judiciário, que resiste em compreender e privilegiar os processos coletivos; interesse do governo em legislar em causa própria; a influência do poderio econômico dos réus nos resultados das ações civis coletivas e a desmobilização da sociedade civil brasileira, visto que poucas entidades utilizam da legitimidade[12] para propor as ações em juízo, sendo

---

12 Art. 82, IV Art 82. Para os fins do art. 100, parágrafo único, são legitimados concorrentemente:
I – o Ministério Público,
II – a União, os Estados, os Municípios e o Distrito Federal;
III – as entidades e órgãos da Administração Pública, direta ou indireta, ainda que sem personalidade jurídica, especificamente destinados à defesa dos interesses e direitos protegidos por este código;
IV – as associações legalmente constituídas há pelo menos um ano e que incluam entre seus fins institucionais a defesa dos interesses e direitos protegidos por este código, dispensada a autorização assemblear.
1º O requisito da pré-constituição pode ser dispensado pelo juiz, nas ações previstas nos arts. 91 e seguintes, quando haja manifesto interesse social evidenciado pela dimensão ou característica do dano, ou pela relevância do bem jurídico a ser protegido.
2º (VETADO).
3º (VETADO).

atualmente o MP o principal autor das ações coletivas que também sofrem restrições no país[13], na defesa dos direitos individuais homogêneos.

É ainda o Procurador Regional da República. Sergio Cruz Arenhart, que ensina: "A legislação atual, ao favorecer a propositura da ação individual e não coletiva – apenas potencializa a replicação de demandas individuais idênticas, abarrota o Poder Judiciário com demandas paralelas e facilita o tratamento anti-isonômico das questões." (ARENHART, 2013, p. 47). Acresce o ilibado autor, também Juiz Federal, que os milhares de processos na justiça, a sobrecarregarem o judiciário, assumem o papel principal nos debates a respeito da gestão da função jurisdicional. "E apesar de diversas reformas do CPC, a fim de criar mecanismos para desafogar o poder judiciário, não tem sido eficaz." Ademais,

> Quem pensa no artigo art. 285-A do CPC, no julgamento de recursos extraordinários por amostragem ou mesmo no incidente de resolução de demandas repetitivas – proposto pelo projeto do Código de Processo Civil em debate no legislativo 166-2010, especificamente nos seus arts. 930 e SS, na redação atual) – notará facilmente e que os instrumentos não dão solução adequada ao problema. Embora tais medidas possam desafogar as instâncias superiores do judiciário, não foram, a toda evidência, pensadas para racionalizar o volume de causas com que a máquina judiciária como um todo deve lidar. De fato, todos estes instrumentos pressupõem que o interessadoi se apresente em juízo, de modo, a impor, sempre, a incoacão de novas demandas. Não se pensa em mecanismos capazes de tornar Desnecessária a PRESENÇA DA PARTE perante o poder judiciário, o que, ao invés de contribuir para diminuir o volume extraordinário da demandas, só favorece seu aumento exponencial. É preciso, então, pensar em mecanismos capazes de estender o conteúdo de decisões judiciais a terceiros, de modo a resolver os interesses homogêneos de massa como um todo de uma única vez. (ARENHART, 2013, p. 20)

E é justamente isso que a tutela de direitos individuais homogêneos pode proporcionar à sociedade, a tutela em massa de forma

---

[13] Neste sentido, v.g, STJ, 2ª secção, RESP 858.056/GO, REL. Mini Joao Otavio de Noronha, DJe 04.08.2008. Precedentes: REs nº 302.647/SP, Rel. Min. FRANCIULLI NETTO, DJ de 04/08/2003.

eficiente, haja vista a grande possibilidade da coisa julgada das ações coletivas, nos termos do art. 103 do CDC[14], contudo, é preciso atentar à demonstração de exemplos práticos de que ações coletivas não estão trazendo a efetividade esperada, em decorrência da interpretação equivocada da lei pelos tribunais.

Isso posto, realça-se que os entraves barram a evolução das ações coletivas no Brasil, prejudicando a sociedade e o próprio poder judiciário que carece de soluções apropriadas para minimizar o aglomerado de ações em séries.

3.2 A problemática da prescrição no julgamento do recurso repetitivo – RESP. 1.070.896/SC e as soluções da PL 282-2012

Grande problema enfrentado na atualidade nas ações coletivas é a questão da prescrição. Tal tema ganhou relevância e grande preocupação pelos legitimados nas ações coletivas de consumo, após o julgamento do REsp. 1070896/2010, que aplicou a prescrição quinquenal nas ações coletivas que pleiteiam os expurgos dos planos econômicos

---

[14] Art. 103. Nas ações coletivas de que trata este código, a sentença fará coisa julgada:
I – *erga omnes*, exceto se o pedido for julgado improcedente por insuficiência de provas, hipótese em que qualquer legitimado poderá intentar outra ação, com idêntico fundamento valendo-se de nova prova, na hipótese do inciso I do parágrafo único do art. 81;
II – *ultra partes*, mas limitadamente ao grupo, categoria ou classe, salvo improcedência por insuficiência de provas, nos termos do inciso anterior, quando se tratar da hipótese prevista no inciso II do parágrafo único do art. 81;
III – *erga omnes*, apenas no caso de procedência do pedido, para beneficiar todas as vítimas e seus sucessores, na hipótese do inciso III do parágrafo único do art. 81.
1º Os efeitos da coisa julgada previstos nos incisos I e II não prejudicarão interesses e direitos individuais dos integrantes da coletividade, do grupo, categoria ou classe.
2º Na hipótese prevista no inciso III, em caso de improcedência do pedido, os interessados que não tiverem intervindo no processo como litisconsortes poderão propor ação de indenização a título individual.
3º Os efeitos da coisa julgada de que cuida o art. 16, combinado com o art. 13 da Lei nº 7.347, de 24 de julho de 1985, não prejudicarão as ações de indenização por danos pessoalmente sofridos, propostas individualmente ou na forma prevista neste código, mas, se procedente o pedido, beneficiarão as vítimas e seus sucessores, que poderão proceder à liquidação e à execução, nos termos dos arts. 96 a 99.
4º Aplica-se o disposto no parágrafo anterior à sentença penal condenatória.

(Bresser, Verão, Collor I e Collor II), utilizando-se o prazo da Lei da Ação Popular, sobre a argumentação do sistema único do processo coletivo.

Ressalte-se, a exemplo, a emenda do acórdão do colendo Superior Tribunal de Justiça, que decidiu em sede de recurso repetitivo, *in verbis:*

> CIVIL E PROCESSO CIVIL. AÇÃO CIVIL PÚBLICA DECORRETNE DE DIREITOS INDIVIDUAIS HOMOGÊNEOS. POUPANÇA. COBRANÇA DOS EXPURGOS INFLACIONÁRIOS. PLANOS BRESSER E VERÃO. PRAZO PRESCRICIONAL QUINQUENAL.
>
> 1. A Ação Civil Pública e a Ação Popular compõem microssistema de tutela dos direitos difusos, por isso que, não havendo previsão de prazo prescricional par a propositura da Ação Civil Pública, recomenda-se a aplicação, por analogia, do prazo quinquenal previsto no art. 21 da Lei n. 4.717/65.
>
> 2. Embora o direito subjetivo objeto da presente ação civil pública se identifique com aquele contido em inúmeras ações individuais que discutem a cobrança de expurgos inflacionários referentes aos Planos Bresser e Verão, são, na verdade, ações independentes, não implicando a extinção da ação civil pública, em busca da concretização de um direito subjetivo coletivizado, a extinção das demais pretensões individuais com origem comum, as quais não possuem os mesmos prazos de prescrição
>
> 3. Em outro ângulo, considerando-se que as pretensões coletivas sequer existiam à época dos fatos, pois em 1987 e 1989 não havia a possibilidade de ajuizamento da ação civil pública decorrente de direitos individuais homogêneos, tutela coletiva consagrada com o advento, em 1990, do CDC, incabível atribuir às ações civis públicas o prazo prescricional vintenário previsto no art. 177 do CC/16.
>
> 4. Ainda que o art. 7º do CDC preveja a abertura do microssistema para outras normas que dispõem sobre a defesa dos direitos dos consumidores, a regra existente fora do sistema, que tem caráter meramente geral e vai de encontro ao regido especificamente na legislação consumerista, não afasta o prazo prescricional estabelecido no art. 27 do CDC.
>
> 5. Recurso Especial a que se nega provimento. (STJ, REsp. n. 1.070.896/SC (2008/0115825-6), 2ª Turma, Rel. Min. Luis Felipe Salomão, j. 14-04-2010).

Esse entendimento causou indignação pelos legitimados e prejudicou milhões de consumidores poupadores que perderam os seus direitos aos expurgos dos Planos Econômicos, além de centenas de ações coletivas em todo o país terem sido extintas, havendo o calote dos bancos com o aval do Superior Tribunal de Justiça.

No artigo os promotores de Justiça, Marcos Tofani Baer Bahia e Amauri Artimos da Matta enfrentam a questão de forma adequada:

> (...)
>
> Entrementes, o entendimento sufragado pelo STJ é equivocado, eis que não se coaduna com o sistema protetivo da defesa do consumidor e com o princípio da efetividade máxima dos direitos fundamentais, como adiante se verá.
>
> À míngua de norma expressa no estatuto consumerista, é possível se visualizar, no julgamento do STJ, que alguns operadores do direito vêm entendendo que existe no ordenamento pátrio um microssistema processual coletivo, decorrente da combinação do art. 90 do CDC e do art. 21 da LACP, que reclamaria *tratamento uniforme e, quando necessário, aplicação analógica, como no caso do prazo prescricional previsto para a ação popular.*
>
> Ainda que admitíssemos a possibilidade de aplicação analógica do prazo quinquenal da Lei de Ação Popular (art. 21) às ações coletivas fundadas no CDC (ressalvada a proposta com base no CDC, art. 27), temos que essas deveriam no mínimo estar condicionadas a objeto idêntico ao que poderia ser conseguido em ação popular, a qual é aplicada quando um ato da administração pública causa danos à população, o que não é o caso.
>
> A aplicação analógica sob o argumento de que existe um sistema coletivo uniforme, não leva em conta o princípio da proteção máxima do consumidor, que tem assento constitucional no rol dos direitos fundamentais. É que o art. 1º da LACP, ao fazer menção à ação popular, e o art. 90 do CDC, ao prever a sua interação com a LACP (naquilo que não contrariar as suas disposições), devem ser aplicados de forma coerente com o microssistema de defesa do consumidor, diante de seu fundamento constitucional, que se apoia essencialmente no princípio da igualdade material.
>
> Apesar de haver um moderno sistema processual coletivo, expressiva parcela de juristas resiste a tais modificações. Ao invés de colocá-las

> em prática, procura afastá-las e restringi-las ao máximo. Acresça-se, ainda, a ação do Poder Executivo, que, através de subterfúgios legislativos, tenta esvaziar o espaço de manifestação do processo coletivo, como, por ex, o que aconteceu com o advento da Lei federal 9.494/97, art. 16, ao tentar limitar a abrangência da coisa julgada na ação civil pública.
>
> Diante de uma sociedade de consumo sensivelmente marcada pela dificuldade de acesso à justiça e pela repercussão social e econômica que os conflitos de massa lhe acarretam, a tutela jurisdicional não pode mais ser concebida apenas contra violações de caráter individual. A proteção do consumidor, sem dúvida, é uma das metas dessa nova era, e representa um verdadeiro desafio da fase contemporânea do Direito, pela sua singular proteção, agora positivada na Constituição. (BAHIA e MATA, 2013)

De fato o legislador, não se preocupou com a previsão expressa da prescrição, acreditando que a interpretações e o diálogo das normas do processo coletivo seriam interpretadas levando em consideração os princípios da proteção máxima do consumidor; da facilitação do consumidor em juízo e de sua a proteção constitucional, explícito tanto no artigo 5º, XXXII, da Constituição da República, quanto na Lei n. 8.078/90.

Portanto, totalmente equivocada a decisão do STJ, pois o prazo prescricional para a tutela coletiva de direitos individuais homogêneos será o mesmo prazo prescricional das respectivas pretensões individuais. Carece de coerência a prescrição distinta de um mesmo direito. De acordo com Didier JR. e Fredie, JR. (2013), a prescrição é vinculada não à norma processual, e sim associada ao direito material.

Todavia esse não foi o entendimento do Superior Tribunal de Justiça que ignorou o princípio da defesa do consumidor em juízo, o princípio constitucional do acesso à justiça e à defesa do consumidor como direito fundamental, e derrubou milhares de ações coletivas de consumo, destituiu milhares de consumidores dos direitos garantidos, consequentemente, incentivou a lesão em massa e concedeu lucro bilionário às instituições financeiras do país.

O que há de positivo é que a questão da prescrição será superada caso haja aprovação do Projeto Lei no Senado, n. 282, de 2012, o qual prevê que as pretensões de direito material prescreverão, se for o caso, no prazo estabelecido por este Código ou pela lei, "observado o mais favorável a seu titular".[15]

Adiciona-se a essa questão da prescrição alegada pelo PL 282 a previsão de que as ações coletivas, direta ou indiretamente relacionadas com a controvérsia, retroagem à interrupção, "desde a distribuição até o final do processo coletivo, ainda que haja a extinção do processo sem resolução do mérito"[16]. Caso o PL seja aprovado, este artigo coloca um ponto final em muitas discussões, que hoje têm respaldo, inclusive, na jurisprudência do Superior Tribunal de Justiça – STJ. Resp 1110549; RS 2 S.J. 28.10.2008) e trazendo eficácia às ações coletivas como mecanismo de justiça em massa, além de economia processual.

3.2 A problemática da limitação dos efeitos da coisa julgada e o PL 282-12

A grande inovação do CDC, no campo coletivo foi a extensão da coisa julgada nos termos do artigo 103, III, contudo a sua suprema amplitude de extensão com justiça e alcance das decisões *erga omnes* constitui entrave para a efetividade das ações coletivas de consumo.

A necessidade de reconhecimento de maior extensão aos efeitos da sentença coletiva é consequência da indivisibilidade dos interesses tutelados (material ou processual), tornando impossível cindir os efeitos da decisão judicial, pois a lesão a um interessado implica lesão a todos, e o proveito a um a todos beneficia (Moreira, citado por LEONEL, 2013, p. 216)[17].É a indivisibilidade do objeto que determina

---

15 "Art. 81 – (...) § 5º As pretensões de direito material prescrevem, se for o caso, no prazo estabelecido por este Código ou pela lei, observado o mais favorável a seu titular. PL 282-2012

16 § 5 do art. 90-A- prevê que o ajuizamento da citação válida das ações coletivas interrompe o prazo das pretensões individuais e coletivas, direta ou indiretamente relacionadas com a controvérsia, retroagindo a interrupção, desde a distribuição até o final do processo coletivo, ainda que haja a extinção do processo sem resolução do mérito" PL 282-2012

17 José Carlos Barbosa Moreira, in: **Tutela Jurisdicional dos interesses coletivos e difusos,** (citado por LEONEl, 2013, p. 216), afirma que "se tivermos em mente o caráter indivisível do objeto do litígio (...) e ao mesmo tempo a impossibilidade de exigir a presença de todos os legitimados no processo, desde logo chegaremos à conclusão de que os efeitos do julgamento necessariamente hão

a extensão dos efeitos do julgado a quem não foi "parte" no sentido processual, mas figura como titular dos interesses em conflito (Bedaque, citado por LEONEL, 2013, p. 96).[18]

Em termos práticos, e coloquialmente expressando, é absurdo conceber um verdadeiro processo "coletivo" sem que a coisa julgada fosse "coletiva". [19]

Inicialmente, pelo Código de Defesa do Consumidor, percebe-se que as ações coletivas (gênero) farão coisa julgada *erga omnes*, com exceção, por óbvio, da ação coletiva (espécie) que fará coisa julgada intrapartes. Ou seja, pelo CDC, o efeito da coisa julgada nas ações coletivas será *erga omnes*, independente do órgão prolator, devendo sempre alcançar todos os consumidores lesados.

---

de estender-se a pessoas – em regra, a um grande número de pessoas – que não ocuparam a posição de partes.Todas serão igualmente beneficiadas, ou todas igualmente prejudicadas, conforme a sentença conceda ou recuse a tutela pleiteada para o interesse que lhes é comum" (p. 216). No mesmo sentido, Rodolfo de Camargo Mancuso (in: **Manual do Consumidor em juízo**, igualmente citado por LEONEL, 2013, p. 106), pontua que, se assim não fosse, "teríamos que admitir que o julgado coletivo espraia seus efeitos no Rio Grande do Sul, mas não nos demais Estados, e assim teríamos de assimilar a existência de uma saúde, gaúcha, mineira, paulista etc. absurdo que dispensa maiores comentários".

18 O referido Leonel (2013, p.96) citando José Roberto dos Santos Bedaque, **Direito e processo – Influência do direito material sobre o processo**, assevera que "a coisa julgada *erga omnes*, portanto, nos processos cujo objeto seja um interesse difuso ou coletivo, decorre de circunstância inerente à própria natureza do direito, isto é, sua indivisibilidade. Também nos chamados interesses individuais homogêneos, ou seja, aqueles direitos subjetivos, divisíveis, que por circunstâncias, receberam tratamento coletivo, a coisa julgada atinge terceiros, mas *secundum eventum litis*. Tais observações visam demonstrar que o regime da coisa julgada tem peculiaridades nas demandas coletivas, em virtude da natureza da relação jurídica material, mormente do objeto dessa relação"

19 Conforme Frederico Carpi, Cenni sulla tutela degli interessi collettivi nel processo civile e la cosa giudicata, **Rivista Trimestrale di Diritto e Procedura Civile** 3/960, settembre 1974, ano XXVIII, sobre a necessidade de adaptação dos institutos processuais – particularmente da coisa julgada – às peculiaridades do direito material, registrava que "fra queste conseguenze vi è la particolare efficacia della decisione, resa in siffatti giudizi, non per niente la cosa giudicata è Il momento più caratterizzante dell' attività giurisdizionale, per cui puo esser vero anche I'inverso e cioè Che, assumendo quest' ultima particolarità significative, anche la prima potrà subire analoghe tipizzaioini". (Citado por LEONEL, 2013).

Um caso prático: Uma entidade ajuíza uma AÇÃO CIVIL DE CONSUMO de dano nacional, interposta na sede da associação autora, em Belo Horizonte, contra uma instituição financeira que cobra uma tarifa ilegal. Não há lógica que, no caso de procedência, a sentença limite a extensão da coisa julgada ao órgão prolator, visto o efeito "*erga omnes*", para "beneficiar todas as vitimas e seus sucessores", ou seja, a todos os consumidores que contrataram com o banco réu da ação coletiva, sendo deles cobradas, indevidamente, tarifas cuja ilegalidade em juízo foi reconhecida nos termos do art. 103, III.

Esta é a lógica do sistema do CDC, contudo, recorrentemente, o Governo Federal, manifesta-se dificultando o acesso de consumidores menos afortunados ao Judiciário, e facilita desvios para os grandes fornecedores e para si próprio conforme constatado pela edição da Medida Provisória nº 1.570/97, transformada na Lei nº 9.494;97 (art. 2-A, passando para o art. 16- A), Lei da Ação Civil Pública para a seguinte redação, *verbis*:

> "Art. 16. A sentença civil fará coisa julgada *erga omnes*, nos limites da competência territorial do órgão prolator, exceto se o pedido for julgado improcedente por insuficiência de provas, hipótese em que qualquer legitimado poderá intentar outra ação com idêntico fundamento, valendo-se de nova prova"
>
> Art. 2-A. A sentença civil prolatada em ação de caráter coletivo, proposta por entidade associativa, na defesa dos interesses e direitos dos associados, abrangerá apenas os substitutivos que tenham, na data da propositura da ação, domicílio no âmbito da competência territorial do órgão prolator"

No entendimento de Didier JR. e Fredie JR. (2013, p. 148), os dispositivos normativos invocados são inconstitucionais e ineficazes para a tutela efetiva em massa, sendo um verdadeiro retrocesso ao processo coletivo.

Ademais, nota-se que tal dispositivo não se aplica a AÇÕES COLETIVAS DE CONSUMO, por força do art. 103 do CDC. Contudo, desde o advento da ineficaz medida provisória, algumas decisões vêm sendo proferidas de forma equivocada, restringindo os direitos do consumidores apenas ao órgão prolator da sentença.

Nesses termos, é valiosa a posição de Ricardo de Barros Leonel, *in verbis*: "Evidente o escopo do Poder Executivo federal: legislar em causa própria para restringir a efetividade do processo coletivo, na medida em que o Poder Público, nas diferentes esferas da federação, figura reiteradamente como violador do ordenamento constitucional, ostentando a condição de réu em ações coletivas" (LEONEL, 2013, p. 305-306).

Em síntese: tais normas são inoportunas, inconstitucionais, e revelam o desconhecimento de premissas sem as quais não se pode auferir adequado proveito do processo coletivo, embora haja alguns precedentes rejeitando tais restrições (MAZZILLI, 2000, p. 287).

Inadvertidamente, até o momento, o STF e o STJ não afastaram, de modo contundente, essas tentativas legislativas de limitação da eficácia prática do processo coletivo[20].

Isso significa que, em relação aos interesses individuais homogêneos, a única orientação a seguir é a prevista no CDC, ou seja, a coisa julgada fará efeito *erga omnes*, independentemente do órgão prolator, uma vez que a Lei da Ação Civil Pública não prevê dita figura. Em contrapartida, tratando-se dos interesses difusos e coletivos, quedamos com duas orientações: Uma no CDC e outra na Lei 7.347/95

---

[20] Julgado recente no STJ sinalizou positivamente em relação a questão, indicando que os efeitos da sentença coletiva também devem ser coletivos sem limitações territoriais. Trata-se do REsp 399357/SP. 3ª. T.j. 17.03.2009. rel. Ministro Nancy Andrigh. Dje 20.04.2009, com a seguinte ementa: Processo civil e direito do consumidor. Ação coletiva ajuizada por associação civil em defesa dos direitos individuais homogêneos. Expurgos inflacionários indevidos em caderneta de poupança em janeiro de 1989. Distinção entre eficácia da sentença e coisa julgada. Eficácia nacional da decisão. – A Lei da Ação Civil Pública. Originariamente, foi criada para regular a defesa em juízo de direitos difusos e coletivos. A figura dos direitos individuais homogêneos surgiu a partir do Código de Defesa do Consumidor como uma terceira categoria equiparada aos primeiros, porém ontologicamente diversa – Distinguem-se os conceitos de eficácia e coisa julgada. A coisa julgada é meramente a imutabilidade dos efeitos da sentença. O art. 16 da LAP, ao impor limitação territorial a coisa julgada, não alcança os efeitos que propriamente emanam da sentença. – Os efeitos da sentença produzem-se *erga omnes,* para além dos limites da competência territorial do órgão julgador. Recurso Especial improvido." No mesmo sentido, REsp 411529/SP, 3ª T., j. 24.06.2008. rel. Nancy Andrigh. Dje 05.08.2008, bem como o REsp 124388. PR. Corte Especial. J. 19.10.2011. rel. Min. Luís Felipe Salomão. DJE 12.12.2011.

(LACP), havendo, portanto, um conflito aparente de normas. Assim, permissa vênia, os interesses difusos e coletivos que envolvam relação de consumo, por ser o CDC, lei específica, urge que deva prevalecer sobre a LACP.

Constata-se, pois, a ineficácia da MP 1570/97, convertida na Lei nº 9.494/97, conforme redigida, não aplicável às relações de consumo, devendo ser aplicado, irrestritamente, o art. 103, do CDC – Lei nº 8.078, de 11 de set. de 1990.

No caso da coisa julgada, tal tema estará superado com a aprovação do PL.282, de 2012 que prevê no seu –§ 4 do art. 81 que a competência territorial do órgãos prolator ou o domicílio dos interessados não restringirão a coisa julgada de âmbito nacional ou regional.

4. NOVAS TENDÊNCIAS

Novas tendências vêm surgindo, visando trazer ao plano real a efetividade das ações coletivas como instrumento de efetividade das mesmas.

4.1 MICROSSISTEMAS OU CODIFICAÇÃO?

Por conta de significativas e crescentes demandas, ao longo dos anos, muito se discute a necessidade da codificação do Processo Coletivo. Essa ideia ganhou força e fomentou estudos, com o objetivo de otimizar instrumentos do direito positivo para efetivação da tutela coletiva, a fim de conceder a devida proteção dos direitos em massa, realizando a justiça social, garantindo a todos os consumidores os direitos fundamentais previstos na Carta Magna.

A relevância dos códigos consiste em trazer princípios, cláusulas gerais e normas que harmonizem a legislação e os direitos fundamentais previstos na constituição Federal. Os autores defendem que os microssistemas são caracterizados por tratarem de matéria específica, dotada de particularidades técnicas e importância que justificam uma organização autônoma. Não se incompatibilizam com as cláusulas gerais, ou princípios, antes, trazem os mesmos, internamente, com a necessidade intrínseca de organização e ordenação de conteúdos. No caso do processo coletivo, o Título III do CDC serve, ou pelo menos serviu até o momento como elemento harmonizador do microssistema da tutela coletiva. Nesse sentido, as Propostas de Processo Coletivo devem, portanto, viabilizar a harmonização do microssistema da tutela coletiva representado pelo diploma catalisador dos diversos procedimentos, conforme se procura exercer essa função do CDC. (DIDIER JR. e FREDIE, JR., 2013)

Inicialmente, a idealização do Processo Coletivo iniciou-se com o estudo do Código de Processo Coletivo Modelo para Países de Direito Escrito – Projeto Antônio Gidi (CM- GIDI)[21]; Anteprojeto de Código Modelo de Processos Coletivos para a Ibero- América (CM-IIDP)[22]; Anteprojeto do Instituto Brasileiro de Direito Processual (CBPC-IBDP)[23]; e Anteprojeto de Código Brasileiro de Processos Coletivos (CBPC-UERJ/UNESA), coordenado pelo Prof. Aluisio Gonçalves de Castro Mendes[24].

---

[21] Projeto CM-GIDI foi elaborado em 2002 e publicado na *Revista de Processo*, f. GIDI, Antonio. Código de Processo Civil coletivo. Um modelo para países de direito escrito. **Revista de Processo**, São Paulo, RT, 2003, nº. 111.

[22] O Código Modelo de Processo Coletivo é um projeto do Instituto Ibero-americano de Direito Processual. Foi inicialmente elaborado por Ada Pellegrini Grinover, Kazuo Watanabe e Antônio Gidi e posteriormente revisado por uma comissão composta pelos seguintes juristas: Aluisio Gonçalves de Castro Mendes, Anibal Quiroga Leon, Enrique M. Falcon, José Luiz Vázquez Sotelo, Ramiro Bejarano Guzmán, Roberto Berizonce e Sérgio Artavia. Deve ser salientado, ainda, que o Código adotou em muitas hipóteses as sugestões do projeto de Antônio Gidi (CM- GIDI), o precursor dos estudos e preocupações com a codificação do processo coletivo.

[23] Elaborado, sob a coordenação da Professora Ada Pellegrini Grinover, junto ao Programa de Pós-Graduação da Faculdade de Direito da Universidade de São Paulo (USP), como primeiro Anteprojeto e Código Brasileiro de Processos Coletivos, oferecido à discussão, e sendo nesse sentido enviado aos membros do Instituto Brasileiro de Direito Processual e posteriormente ao Ministério da Justiça. Embora estejamos trabalhando sobre a última versão do Ministério da Justiça, gentilmente cedida pelo Prof. Aluisio Gonçalves de Castro Mendes, nos pareceu mais correto identificar o anteprojeto com sua principal incentivadora e idealizadora a Profa. Dra. Ada Pellegrini Grinover, até mesmo como merecida homenagem que prestamos à Maestra paulista pelo carinho e dedicação que tem direcionado ao tema durante grande parte de sua muito produtiva carreira acadêmica.

[24] Elaborado em conjunto nos Programas de Pós-Graduação Stricto Sensu da Universidade do Estado do Rio de Janeiro (UERJ) e da Universidade Estácio de

4.2 O Projeto de Lei 5139/09

É imperioso ressaltar que o Anteprojeto do Instituto Brasileiro de Direito Processual foi elaborado sob a coordenação da Professora Ada Pellegrini Grinover, junto ao Programa de Pós-Graduação da Faculdade de Direito da Universidade de São Paulo (USP), como primeiro Anteprojeto e Código Brasileiro de Processos Coletivos, oferecido à discussão e sendo nesse sentido enviado aos membros do Instituto Brasileiro de Direito Processual e posteriormente ao Ministério da Justiça, tendo, posteriormente, recebido alterações que o destituíram de seu papel primordial

Atualmente, o PL – 5139/09- Projeto de Lei que disciplina a ação civil pública para a tutela de interesses difusos, coletivos ou individuais homogêneos, trazendo um sistema único do processo coletivo, encontra-se parado desde sua elaboração e apresentação, em 2009, na câmara dos deputados.

Lamentável, que um projeto de suma importância para a sociedade, que necessita de diminuir os litígios individuais em massa, esteja nesta situação, aliás, os textos sofreram drásticas alterações pela casa civil, privilegiando os grandes fornecedores, o estado, a união, tendo sido repudiado dos autores do Ante Projeto[25].

Sá (UNESA) nas disciplinas pioneiras e Direito Processual Coletivo (UERJ) e Tutela dos Interesses Coletivos (UNESA) sob a coordenação do Professor e Juiz Federal Aluisio Gonçalves de Castro Mendes, responsável como docente nas disciplinas referidas. Vale referir que o anteprojeto em questão foi elaborado a partir de debates sobre o plano de fundo do primeiro texto elaborado pela Profa. Ada Pellegrini Grinover

25 Desabafo sobre os vetos do PL 5.139-2009, in – O projeto de Lei brasileira sobre processos coletivos. Ada Pellegrini Grinover, em texto – palavras da homenageada – O projeto da lei brasileira sobre os processos coletivos –, publicado no Livro **Em defesa de um Processo Coletivo** (coord Maria Clara Gossoli e outros), São Paulo 2010- Saraiva- p. 24, dispõe que –" O anteprojeto de Lei aprovado pela comissão, passou pela revisão da casa civil do Governo, onde diversas regras foram alteradas para atender os interesses da administração pública deturpando o espírito geral do Anteprojeto. O Presidente das Republica 'encaminhou o Projeto de Lei assim deturpado a câmara dos Deputados, onde tomou o n. 5139-2009. Na Comissão de Constituição e Justiça da câmara dos deputados, o relator do Projeto, Deputado Antonio Carlos Bicacaia, apresentou um substitutivo,

Prova de que a alteração pela Casa Civil descaracterizou o projeto foi a retirada do parágrafo único do art. 1º, que prevê a exclusão expressa das ações civis públicas para veicular pretensões que envolvam tributos de contribuições previdenciárias e FGTS.

4.3 PROJETO DE LEI DO SENADO – PL N. 282 DE 2012

Vale salientar a grande importância do Projeto de Lei n. 282/12 da comissão temporária, presidida pelo senador Rodrigo Rollemberg (PSB-DF), criada em agosto de 2012, para discutir os Projetos de Lei do Senado (PL) 282 de 2012, propondo alteração no Código de Defesa do Consumidor para aperfeiçoar a disciplina das ações coletivas. Esse projeto teve origem em minuta elaborada por comissão de juristas, coordenada pelo ministro do Superior Tribunal de Justiça (STJ), Hermann Benjamin, que propôs as atualizações no CDC.

Em parecer de Didier JR. e Fredie, JR. (2013, p. 69) sobre

> Cabe destacar uma sensível melhoria no conceito de direitos individuais homogêneos, considerados sempre de interesse público e relevância social, expressa menção de que a prescrição se dá em razão das normas de direito material e não há prazo prescricional para a ação processual, o reforço de que é cabível controle difuso de constitucionalidade em ações coletivas, a melhoria na disciplina da prova, com previsão expressa da distribuição dinâmica

---

reconduzindo o Projeto ao leito da proposta da Comissão do MINISTÉRIO da Justiça. Cem emendas foram apresentadas pelos Deputados, objetivando em grande parte para retomar os dispositivos sugeridos pela Casa Civil. O Relator rejeitou muitas, acolheu várias, e uma forte se travou no seio da Comissão de Constituição e Justiça. Muitos lobbies trabalharam contra o projeto, com argumentos faciliosos – um inexistente reforço dos Poderes do Ministério Público ampliado do objeto da tutela coletiva (ao contrário, se enquadra na expressão da lei vigente- outros direitos difusos e coletivos, a extensão da legitimidade ativa (que permanece exatamente a mesma, sendo apenas melhor detalhada, o desequilíbrio entre a posição do autor coletivo e do demandado (que é mais equilibrada, como se vê pelo regime da coisa julgada na tutela dos interesses ou direitos individuais homogêneos). A batalha redundou na rejeição do projeto da comissão da constituição e justiça, mas houve recurso do relator e de outros deputados, acompanhado de pedido dos membros da Comissão elaboradora do Anteprojeto, para que a matéria seja reaplicada” da posição.

conforme as melhores condições de provar e de utilização das entidades públicas especializadas para elaboração das provas periciais, a maior amplitude democrática do processo com previsão de audiências públicas e intervenção e *amicus curiae*, a previsão de nomeação e interventor por parte do juiz para acompanhar o cumprimento das decisões, criação de uma fase de certificação do processo coletivo, melhorias quanto a conciliação e os meios alternativos de resolução dos conflitos coletivos, como PR exemplo, a instituição do avaliador neutro, entre outras.

Acrescentam esses autores que a virtude desse projeto é não desconfigurar a tutela coletiva brasileira que é essencialmente protetiva dos novos direitos, sem prejudicar o acesso à justiça individual, garantindo-a igualmente na Constituição. Note-se que, se for aprovado, o projeto terá influência positiva em todo o microssistema do processo coletivo.

O Projeto de Alteração do CDC matéria coletiva, vem para apaziguar algumas controvérsias de interpretação equivocada pelo Poder Judiciário, preenchendo algumas lacunas na lei e terá a expressão do direito material e processual de forma clara e objetiva, visando à supremacia da lei especial em relação a lei geral.

Temas polêmicos como a prescrição e a competência territorial estão superados, e terão normas expressas, visando à proteção máxima do consumidor, conforme já abordado.

É mister destacar a novidade da criação do Cadastro Nacional das Ações Coletivas e a possibilidade de o Juiz escolher penas alternativas como forma de evitar novos danos. Há ainda a previsão das ações coletivas que terão prioridade de processamento e julgamento.[26] Em relação à legitimidade, a Defensoria pública torna-se autora das ações coletivas. Neste ponto, observa-se avanço do PL 5139-09, pois incluiu a Ordem dos Advogados do Brasil, as suas seções e subseções[27]. Registramos aqui a importância esta previsão, tendo

[26] Art.81, §PL- 282/2012

[27] PL5160- 6º São legitimados concorrentemente para propor a ação coletiva: I – o Ministério Público; II – a Defensoria Pública; III – a União, os Estados, o Distrito Federal, os Municípios e respectivas autarquias, fundações públicas, empresas públicas, sociedades de economia mista, bem como seus órgãos despersonalizados que tenham como finalidades institucionais a defesa dos interesses

em vista que necessitamos de maior atuação das entidades civis nas ações coletivas.

Quanto à questão dos honorários advocatícios, pois no § 2º- art.87 haverá a previsão expressa sobre a fixação dos honorários nas ações coletivas, sem prejuízo de gratificação financeira especial para a associação,[28] quando sua atuação tiver sido relevante na condução e êxito da ação coletiva. Essa tendência se ancora na disciplina dos *attorney fees* (honorários de advogados) das *class actions* americanas.[29]. É de grande relevância a norma para a efetividade das ações coletivas, uma vez que na atualidade existem poucos profissionais que atuam as ações coletivas, em prol da sociedade, visto que o poder judiciário vem desmotivando estes profissionais a atuarem nas demandas coletivas, ao condenar os réus a honorários ínfimos em causas de grande relevância social e econômica.[30]

---

ou direitos difusos, coletivos ou individuais homogêneos; IV – a Ordem dos Advogados do Brasil, inclusive as suas seções e subseções.

28 Art. 87. – PL 282/2012 (...) §3º Na hipótese de relevante interesse publico, direta ou indiretamente satisfeito pela demanda movida pela associação, o juiz, sem prejuízo da verba da sucumbência, poderá fixar compensação financeira, suportada pelo réu, observados os critérios de proporcionalidade e razoabilidade.

29 Sobre o tema, inclusive ponderando algumas angústias daquele sistema e alertando do private attorney general (uma espécie de Ministério Público ad hoc, privado) cf. Owen Fiss. “A teoria políticas nas ações coletivas”. IN. Owen Fiss. Um novo processo Civil. Coor. Da trad. Carlos Alberto de Salles. São Paulo: RT, 2005, p.236 e SS; Tb com especial destaque para a inexistência da regra da sucumbência no direito norte- americano, se sobre o contingency FEE agrément (contrato de honorários por resultado ou pacto quota litis), conferir as notas de Antonio Gidi, A class action, p, 361 e SS.

30 Nesse sentido, vejamos o posicionamento do STJ para majoração dos honorários sucumbências na ação coletiva: ADMINISTRATIVO E PROCESSUAL CIVIL. AGRAVO REGIMENTAL NO RECURSO ESPECIAL. **AÇÃO COLETIVA.** EXECUÇÃO CONTRA A FAZENDA PÚBLICA. **HONORÁRIOS** ADVOCATÍCIOS. VALOR IRRISÓRIO. REVISÃO. POSSIBILIDADE. 1. A jurisprudência do Superior Tribunal de Justiça admite a revisão do valor atribuído aos **honorários** quando estes se mostrarem ínfimos em relação ao conteúdo econômico da demanda, o que ocorreu no presente caso, porquanto fixada, inicialmente, verba honorária no montante de R$ 10.000,00 (dez mil reais), em execução estimada em R$ 803.256,10 (oitocentos e três mil, duzentos e cinquenta e seis reais e dez centavos). 2. No caso em apreço, a elevação do valor dos **honorários** advocatícios para a quantia correspondente à razão de 5% (cinco por cento) sobre

Também grande inovação que ajudará nas provas das ações coletivas e no acesso à justiça é a previsão expressa da possibilidade da realização de prova pericial, que poderá ser custeada com os recursos dos Fundos, nacional ou estaduais, de Direitos Difusos, estando tal norma em sintonia com o sistema nacional de defesa do consumidor.

No âmbito recursal, também haverá prioridade das ações coletivas, mas em relação a ações individuais, inclusive no sistema de recursos repetitivos (art. 104-A).

3. CONSIDERAÇÕES FINAIS

Este estudo confirma que embora existam instrumentos suficientes o bastante para permitir a tutela adequada dos interesses metaindividuais e individuais em massa, na prática, entraves dificultam a efetividade da tutela coletiva em prol dos grandes fornecedores, sendo necessária a evolução do direito coletivo brasileiro adaptado às novas necessidades.

No sistema atual, existe o microssistema sendo interligado pelo Código de Defesa do Consumidor (art.90), em conjunto com a LACP Lei da Ação Civil Pública (art.21). Essas normas são interdependentes, com a sua aplicação orientando a efetividade da proteção e dos direitos difusos, coletivos e individuais homogêneos, considerando-se o princípio da proteção máxima do consumidor, previsto no artigo 5º, XXXII, da Constituição da República. Requer-se o entendimento de que interesses difusos e coletivos que envolvam relação de consumo, por ser o CDC, lei específica, urge que este deva prevalecer sobre a LACP.

Por fim, avulta-se que as tentativas de inovação no Processo Coletivo, com os estudos da tentativa de Codificação do Processo Coletivo, em especial o estudo que originou o PL- 282/2012, hão de fortalecer a ação civil coletiva, o acesso à justiça e a relevância das normas do direito material.

---

o valor da execução atende aos critérios de equidade, proporcionalidade e razoabilidade estabelecidos pelo art. 20, § 4º, do Código de Processo Civil. 3. Agravo regimental a que se nega provimento. (STJ – AgRg no AgRg no REsp 1017153 / RS – Ministro OG FERNANDES – SEXTA TURMA – DJ 21/03/2013)

Para que haja efetividade nas ações coletivas, além da evolução da legislação, necessita-se de que evolução cultural quanto ao pensamento coletivo, a fim de que os instrumentos da tutela coletiva de consumo ultrapassem o âmbito da ficção e sejam utilizados eficientemente pela sociedade civil, e sejam compreendidos pelo poder judiciário valorizando a tutela coletiva.

REFERÊNCIAS

ALMEIDA, Gregório Assagra de. **DIREITO PROCESSUAL COLETIVO BRASILEIRO**- Um novo ramo do direito processual. São Paulo Saraiva 2003.

ARENHART, Sergio Cruz. A tutela Coletiva de Interesses Individuais- Para Além da proteção dos interesses individuais homogêneos. **Revista dos Tribunais**. 2013, p. 47.

BAHIA Marcos Tofani Baer; MATTA Amauri Artimos da. O prazo prescricional das ações coletivas: poupadores e planos econômicos. Disponível em: <http://www.ammp.org.br/inst/artigo/Artigo-29.doc> Acessado em 10 de jun. de 2013.

BELO HORIZONTE. Relator: Juiz de Direito. 0024.06.255.350-8. Ação civil coletiva ANDEC X POLISDEC X BMG. 29ª Vara Cível da Comarca de Belo Horizonte – MG, DOU, 13 maio de 2013.

BOBBIO, Norberto. **A era dos direitos**.Trad. Carlos Nelson Coutinho. Rio de Janeiro, Campus, 1992.

BRASIL. Lei 7.347, de 24.07.85 (Lei da Ação Civil Pública). Disciplina a ação civil pública de responsabilidade por danos causados ao meio-ambiente, ao consumidor, a bens e direitos de valor artístico, estético, histórico, turístico e paisagístico (VETADO) e dá outras providências. Disponível em: http://www.planalto.gov.br/ccivil_03/leis/l7347compilada.htm, Acessado em: 10-07-2013.

BRASIL. Constituição (1988). **Constituição da República Federativa do Brasil**: promulgada em 5 de outubro de 1988. Organização do texto: Juarez de Oliveira. 4. ed. São Paulo: Saraiva, 1990. 168 p. (Série Legislação Brasileira)

BRASIL. Lei 8.078 (1990). Dispõe sobre a proteção do consumidor e dá outras providências. Disponível em: http://www.planalto.gov.br/ccivil_03/leis/l8078.htm, Acessado em: 10-07-2013.

DIDIER JR. Fredie, ZANETI JR., Hermes. **Curso de Direito Processual Civil (2013)**, 8. ed. Revista, ampliada e atualizada. Salvador- Bahia: Editora Podivm, v. 4, 2013.

GIDI, Antonio, Coisa julgada e litispendência em ações coletivas. In: Didier JR. Fredie, Zaneti JR., Hermes. **Curso de Direito Processual Civil** (2013) – v. 4 – 8ª edição: Revista, ampliada e atualizada. Salvador- Bahia: Editora Podivm, v. 4, p. 77, 2013.

GIDI, Antonio. Código de Processo Civil coletivo. Um modelo para países de direito escrito. **Revista de Processo**, São Paulo, RT, 2003.

GRINOVER, Ada Pellegrini, O novo processo do consumidor. **Revista de Processo**, São Paulo: Revista dos Tribunais, v. 90, p.11-21, 1998.

GRINOVER, Ada Pellegrini, O novo processo do consumidor. **Revista de Processo**, v. 62, p141-2, 1991.

GRINOVER, Ada Pellegrini. **Ação civil pública refém do autoritarismo.** O processo: estudos e pareceres. São Paulo Perfil, 2005.

GRINOVER, Ada Pellegrini; DINAMARCO, Candido Rangel, WATANABE, Kazuo, Código brasileiro de defesa do consumidor. 6. ed. Rev. Atual e Ampl. Rio de janeiro: **Forense Universitária**, 1999.

GRINOVER, Ada Pellegrino. A ação civil pública refém do autorização. **Revista de Processo**, ano 24, n. 96, out/dez 1999.

LEAL, Márcio Flávio Mafra. **Ações Coletivas**: história, teoria e prática. Porto Alegre: Sergio A. Fabris Editor, 1988.

LEONEL, Ricardo de Barros. Manual do Processo Coletivo. 3.ed. São Paulo: **Revista dos Tribunais**, 2013.

MARQUES, Claudia Lima, HERMAM, Antonio. Comentários ao Código de Defesa do Consumidor. 2. ed. São Paulo: **Revista dos Tribunais**, 2006.

MAZZILI, Hugo Nigro. *In*: **A defesa dos interesses difusos em juízo**. 12ª edição, Ed. Saraiva. 2000. p. 46.

NERY JÚNIOR, Nelson. In Código de Processo Civil Comentado e Legislação Processual Civil Extravagante em Vigor. 4. ed. Ed. **RT**: 1999, p. 1864.

NERY JÚNIOR, Nelson. Os princípios gerais do Código Brasileiro de Defesa do Consumidor. In: **Revista de Direito do Consumidor,** n. 3. São Paulo: 1992.

PROJETO DE LEI DO SENADO, n. 282, de 2012. Altera a Lei.8.078, de 11 de setembro de 1990 (Código de Defesa do Consumidor) para aperfeiçoar as disciplinas das ações coletivas. Disponível em: http://www.senado.gov.br/atividade/materia/getPDF.asp?t=115484&tp=1, acessado em 14 de jun. de 2013.

PROJETO DE LEI n. 5139-09 – Disciplina a ação civil pública para a tutela de interesses difusos, coletivos ou individuais. 2009.

SUPERIOR TRIBUNAL DE JUSTIÇA. Recurso Especial n. 1.070.896/SC. Acórdão publicado em 04.08.2010.

THEODORO JÚNIOR, Humberto. *In*: **Direitos do Consumidor**. Ed. Forense. 2000. p. 112.

REFORMA DO CÓDIGO DE DEFESA DO CONSUMIDOR: COMÉRCIO ELETRÔNICO

Alan de Matos Jorge[1]

INTRODUÇÃO

O Brasil vive um momento em que se discute a atualização dos seus grandes Códigos. A atualização dos Códigos de Processo Civil, Código de Processo Penal, Código Penal, Código Comercial, Código Eleitoral e de outras legislações figura como alguns dos grandes temas que têm mobilizado tanto o Congresso Nacional Brasileiro quanto a área jurídica como um todo.

O Código de Defesa do Consumidor – Lei nº 8.078/90 – entrou nesse processo de atualização e para o debate sobre sua reforma foi criada, em dezembro de 2010, por meio do ato nº 308, de 2010, do Presidente do Senado Federal à época, Senador José Sarney, uma

---

1 Advogado. Mestre em Direito – Especialista em Direito Público – Professor de Direito do Consumidor, Direito Civil e Direito Empresarial em Cursos de Graduação e Pós-graduação no Estado de Minas Gerais – Professor de Direito Civil, Direito Empresarial, Introdução ao Estudo do Direito e Direito do Consumidor no Centro Universitário Estácio de Sá de Belo Horizonte – Professor Convidado na Universidade Estadual de Montes Claros/MG – UNIMONTES (Pós-Graduação) – Coordenador do Curso de Direito da Universidade Presidente Antônio Carlos – UNIPAC – Unidade Mariana/MG – Professor de Direito Civil, Direito do Consumidor e Direito Empresarial no Curso de Direito da Universidade Presidente Antônio Carlos – UNIPAC – Unidade Mariana/MG – Professor da Escola Superior de Advocacia da OAB/MG. Membro da Comissão de Defesa do Consumidor da OAB/MG.

comissão especial de juristas incumbida de apresentar propostas visando atualizá-lo.

Três temáticas eixo estão norteando o trabalho de revisão/atualização do CDC: superendividamento e crédito ao consumidor; comércio eletrônico e ritos processuais das ações civis públicas. Cada um destes assuntos é, atualmente, objeto específico de um Projeto de Lei do Senado: o Projeto de Lei do Senado, nº 281 de 2012 que – dispõe sobre o Comércio Eletrônico; o Projeto de Lei do Senado, nº 282 de 2012 que – aperfeiçoa a disciplina das Ações Coletivas e o Projeto de Lei do Senado, nº 283 de 2012 que – aperfeiçoa a disciplina do crédito ao consumidor e dispõe sobre a prevenção do superendividamento.

O objetivo da reforma é nobre, qual seja o de normatizar as mudanças nas relações de consumo ocorridas nos últimos 20 (vinte) anos e ampliar os direitos do consumidor previstos em uma das legislações mais importantes e próximas do cidadão brasileiro: o Código de Defesa do Consumidor.

Há correntes favoráveis e contrárias à reforma do CDC, cada uma com seus argumentos e preocupações.

No dia 26 de março de 2014 foi aprovado, no Senado Federal, o relatório final da Comissão Temporária de Modernização do Código de Defesa do Consumidor. O texto foi encaminhado para análise no plenário do Senado.

Desta forma, analisaremos de maneira pormenorizada, nos itens que se seguem, o Projeto de Lei do Senado, nº 281 de 2012 – que cuida da parte do comércio eletrônico.

O presente trabalho não pretende encerrar a discussão acerca do tema proposto, mas contribuir com o debate salutar estabelecido na área, apresentar novas propostas e fazer críticas construtivas para que tenhamos, cada vez mais, um Código de Defesa do Consumidor eficaz, respeitado pelos fornecedores e capaz de atender aos anseios do consumidor brasileiro.

2. A PROTEÇÃO AO CONSUMIDOR EM SUA LEI ESPECIAL

No momento em que se discute a reforma de uma das principais leis brasileiras, acreditamos ser importante tecermos, ainda que em breves linhas, alguns comentários sobre o histórico e a importância da Lei nº 8.078/90.

Assim, retomando o passado, teremos melhores condições de valorizar o presente e de pensar adequadamente, e com muita responsabilidade, as reformas para o futuro.

No Brasil, a evolução da defesa do consumidor deu-se de forma lenta e tímida, sendo, em princípio, disciplinada por meio de leis esparsas, que regulavam situações específicas, de cunho individual.

Diante da notória desigualdade existente entre o consumidor e o fornecedor brasileiros, foram surgindo, ao longo dos tempos, formas de proteção da parte vulnerável da relação de consumo, todas com o fim de manter-se um equilíbrio negocial e de conferir direitos mínimos ao consumidor.

Neste sentido, María Gabriela Sorbello conclui acertadamente que

> [...] el derecho del consumidor nace como consecuencia de la necesidad de otorgar protección a los usuarios y consumidores, quienes en las relaciones de mercado se encuentran en una situación de vulnerabilidade. (SORBELLO, 2006, p. 30)

No Brasil, até 1990 as relações de consumo estavam regidas por normas esparsas previstas no Código Civil de 1916, no Código Comercial de 1850 e em legislações extravagantes. Entretanto, tais previsões eram insuficientes para coibir os abusos ocorridos nestas relações.

O grande marco legislativo nesta área foi a promulgação da Lei nº 8.078/90, diploma legal este que veio regulamentar definitivamente as relações de consumo em nosso país, disciplinando, assim, os direitos do consumidor brasileiro.

A Lei nº 8.078/90 é reconhecida como uma das mais bem elaboradas sobre a matéria[2] e entrou em vigor a partir de 11 de março de 1991, passando a regulamentar todas as questões referentes às

---

2 Conforme observam Rollo e Rollo (2004, p.3685), "o Código de Defesa do Consumidor, Lei 8.078/90, é conhecido como uma legislação de vanguarda. E realmente o é. Sua principal virtude, no nosso entender, consiste em ter adaptado importantes instrumentos, colhidos da legislação alienígena, para a realidade brasileira"

relações de consumo[3] em codificação única, daí a denominação "Código de Defesa do Consumidor"; regulamentando as diversas áreas do direito em pauta; adotando a responsabilidade objetiva como regra geral; prevendo a inversão do ônus da prova a favor do consumidor; definindo as partes que compõem a relação de consumo; reconhecendo os direitos básicos do consumidor – considerado a parte vulnerável da relação – reconhecendo o papel, até então desempenhado pelos vários órgãos e instituições de defesa do consumidor.

De fato, a Lei nº 8.078/90 representou um marco na produção legislativa de nosso país, conforme observa adequadamente João Andrades Carvalho:

> A Lei nº 8.078/90, de 11 de setembro de 1990, inaugurou uma nova era nas relações de consumo, ou seja, nas relações entre fornecedor e consumidor, ao mesmo tempo em que criou uma relação jurídica de direito material e processual específica, com regras próprias, incabíveis em outras situações previstas no ordenamento jurídico brasileiro. (CARVALHO J., 2000, p. 13)

A legislação consumerista construiu um sistema próprio, com princípios vetores[4] (CDC, art. 4º) e regras fundamentais de ordem pública (CDC, art. 1º). Determinou rígidas normas contratuais, abrandando a ilimitada autonomia da vontade, declarando nulas as cláusulas abusivas (CDC, art. 51).

Sobre a especificidade e o campo próprio de atuação do direito do consumidor, torna-se digna de menção as considerações de Sylvio Vicente de Carvalho:

> Pela sua complexidade, por ser altamente dinâmico e mutável e por não se enquadrar inteiramente e exclusivamente em nenhum

---

[3] Para Plínio Lacerda Martins, "a relação de consumo é o vínculo jurídico por meio do qual uma pessoa física ou jurídica denominada consumidor adquire ou utiliza produto ou serviço de outra pessoa denominada fornecedor" (MARTINS, 2004. p. 26).

[4] Numa análise dos princípios do CDC, Carlos Alberto Bittar, após listá-los, afirma que o primeiro é o da "proteção da vida, da saúde e da segurança do consumidor", assevera que, com o reconhecimento de tais princípios, "tolhem-se, ou inibem-se, praticas abusivas por parte das empresas produtoras, prestadoras de serviços e intermediárias, nas relações de consumo, instrumentando-se, de outro lado, consumidores e suas entidades" (BITTAR, 2003, p. 7).

> outro ramo do Direito, tal como, identicamente, ocorre com o Direito Trabalhista, o Direito do Consumidor é de uma área jurídica específica e possui um campo próprio, embora mantendo íntimas relações com praticamente todos os demais ramos do Direito interno. (CARVALHO S., 1997, p.22)

Inúmeros avanços anteriores obtidos pela doutrina e jurisprudência foram incorporados pelo legislador ao Código de Defesa do Consumidor, tais como a garantia da reparação dos eventuais danos morais, as nulidades das cláusulas abusivas e a inversão do ônus da prova a favor do consumidor, dentre outros, posicionando-se, assim, ao lado dos mais avançados diplomas legais que tratam da proteção do consumidor.

3. O ANTEPROJETO DE REFORMA DO CÓDIGO DE DEFESA DO CONSUMIDOR

3.1 A comissão de juristas e a necessidade de reforma do CDC

Para a discussão sobre a reforma do CDC, foi criada, em dezembro de 2010, por meio do ato nº 308, de 2010, do então Presidente do Senado Federal, Senador José Sarney, uma comissão especial de juristas incumbida de apresentar propostas visando atualizar do CDC.

Como posto, três temáticas eixo estão norteando o trabalho de revisão/atualização do CDC: superendividamento e crédito ao consumidor; comércio eletrônico e ritos processuais das ações civis públicas. Cada um destes assuntos é objeto de um Projeto de Lei específico que tramita no Senado Federal.

O objetivo da reforma é nobre, qual seja o de normatizar as mudanças nas relações de consumo ocorridas nos últimos 20 (vinte) anos e ampliar os direitos do consumidor previstos em uma das legislações mais importantes e próximas do cidadão brasileiro: o Código de Defesa do Consumidor. Tendo em vista a importância da situação, há também a promessa, exarada, do próprio Presidente do Senado José Sarney, no sentido de não se permitir o retrocesso nas conquistas, hoje existentes, na área da defesa do consumidor.

Não há como negar que, atualmente, o CDC apresenta lacunas surgidas em virtude de problemas que passaram a existir (ou tornaram-se mais sérios) após sua publicação, em 1990. Assim é o caso específico do comércio eletrônico e da falta de regulamentação sobre a questão do superendividamento.

Não obstante o CDC ser, em sua essência, principiológico, o fato é que os fornecedores têm tentado, a todo custo, não cumprir os comandos legais, alegando, exatamente, a falta de previsão/regulamentação específica sobre determinados assuntos, dentre eles, os que são objeto dos três anteprojetos apresentados.

3.2 Pontos favoráveis e contrários à realização da reforma

O debate está centrado na questão de se abrir ou não o CDC para a realização de reformas, tendo em vista o receio de ocorrer-se o retrocesso, em alguns pontos, com a retirada de direitos que foram conquistados com tanto suor e luta.

Muitas entidades de defesa do consumidor temem pela integridade do CDC. Tal temor não é desprovido de fundamento, pois, durante o trâmite dos projetos no Congresso Nacional, podem ocorrer, de fato, a abertura de novas frentes de mudanças, a possibilidade de apresentação de emendas com o intuito de diminuir-se a abrangência do CDC, a retirada de garantias etc. E isso não é ficção, considerando-se o extremado poder de *lobby* que muitos setores (financeiro, bancário, securitário, industrial, de crédito etc) têm dentro do Congresso.

Em outra frente, alguns juristas sustentam que não há necessidade de qualquer reforma no CDC, exatamente por tratar-se de uma lei principiológica, plenamente capaz de responder às novas situações nascidas pós 1990.

Nossa posição é firme e é a mesma sustentada em 13 (treze) de setembro de 2011 (perante, inclusive, ao Dr. Roberto Augusto Pfeiffer), em evento que discutiu as reformas do Código de Defesa do Consumidor, realizado em Belo Horizonte, pela Comissão de Defesa do Consumidor da Ordem dos Advogados do Brasil – seção de Minas Gerais: qualquer proposta normativa relacionada aos direitos do consumidor deve ter por pressuposto básico a ampliação de direitos e garantias já assegurados no texto do CDC, em estrito respeito ao princípio do não retrocesso de direitos.

Por sua vez, a comissão de juristas defende que, ao contrário de criarem-se leis próprias sobre os temas – o que poderia fragmentar ainda mais a aplicação da legislação vigente – o ideal seria que os novos dispositivos fossem colocados dentro do CDC, podendo ser regulamentados posteriormente por leis específicas. No entanto, a comissão partilha com a comunidade jurídica em geral sua maior preocupação no momento, qual seja a de que não haja retrocesso de direitos.

Como os Projetos de Lei estão em plena análise, é hora de iniciarmos, desde já, um movimento de vigília, no sentido de acompanhar de perto os trabalhos que serão desenvolvidos no Congresso Nacional para não admitir, em hipótese alguma, que os direitos já previstos no CDC sejam tolhidos, atendendo-se a interesses privados oriundos de certos setores que, infelizmente, têm muita força e estão arraigados no Poder Legislativo brasileiro.

4. COMENTÁRIOS SOBRE O PROJETO DE LEI DO SENADO Nº 281, DE 2012: COMÉRCIO ELETRÔNICO

Para imprimirmos maior objetividade na análise proposta, apresentaremos, a seguir, o teor do Projeto de Lei apresentado sobre o comércio eletrônico, tecendo comentários específicos sobre os artigos mais importantes da proposta.

Para melhor visualização, primeiramente iremos reproduzir o artigo e, logo em seguida, faremos os comentários devidos.

> SENADO FEDERAL
>
> PROJETO DE LEI DO SENADO Nº 281, DE 2012
>
> Altera a Lei nº 8.078, de 11 de setembro de 1990 (Código de Defesa do Consumidor), para aperfeiçoar as disposições gerais do Capítulo I do Título I e dispor sobre o comércio eletrônico.
>
> O CONGRESSO NACIONAL decreta:
>
> Art. 1º A Lei nº 8.078, de 11 de setembro de 1990 (Código de Defesa do Consumidor), passa a vigorar com as seguintes alterações:
>
> "Art. 1º ....

> Parágrafo único. As normas e os negócios jurídicos devem ser interpretados e integrados da maneira mais favorável ao consumidor. (NR)”[5]

Comentários: A novidade está na inserção de um parágrafo único ao art. 1º do CDC. A novidade traz a positivação do chamado “diálogo das fontes”. A nosso ver, boa complementação, pois amplia o conjunto protetivo já existente no art. 47 do CDC, o qual estabelece que as cláusulas contratuais serão interpretadas de maneira mais favorável ao consumidor. Com a mudança, não só as cláusulas contratuais deverão assim ser interpretadas, mas todas as normas e negócios jurídicos sujeitos à disciplina legal do CDC.

No anteprojeto apresentado anteriormente (e que estava em discussão com a sociedade em geral), não existia um parágrafo único, mas sim dois parágrafos, nos quais o primeiro disciplinava esta questão e o segundo estabelecia que o “poder judiciário, no âmbito do processo em curso, e a administração pública devem assegurar a efetividade das normas de defesa do consumidor, conhecendo de ofício a sua violação”.

Esta última disposição foi retirada do art. 1º e disciplinada no inciso VI do art. 5º, como veremos a seguir.

> “Art. 5º ....
>
> VI – o conhecimento de ofício pelo Poder Judiciário, no âmbito do processo em curso e assegurado o contraditório, e pela Administração Pública de violação a normas de defesa do consumidor;
>
> VII – a interpretação e a integração das normas e negócios jurídicos da maneira mais favorável ao consumidor.
>
> .... (NR)”

Comentários: Primeiramente, chamamos a atenção do estimado leitor para o fato de que, no anteprojeto anterior, havia a redação de um inciso VI, que criava o chamado “cadastro de bloqueio de recebimento de oferta ou comunicação telefônica, eletrônica ou de dados”. Funcionava assim: se o consumidor não quisesse receber ofertas ou

---

[5] Por uma questão estilística, preferimos destacar com itálico e negrito cada trecho do Projeto de Lei do Senado nº 281, de 2012, que iremos analisar.

comunicação telefônica, eletrônica ou de dados, deveria inscrever-se em um "cadastro de bloqueio" para não receber este tipo de oferta/ comunicação.

No dia 13 (treze) de setembro de 2011 (perante a presença do Dr. Roberto Augusto Pfeiffer – membro da Comissão de Juristas responsável pela confecção do anteprojeto) sustentamos, em evento que discutiu as reformas do CDC, realizado em Belo Horizonte, pela Comissão de Defesa do Consumidor da Ordem dos Advogados do Brasil – seção de Minas Gerais, que o ideal seria a proibição de envio de qualquer oferta ou comunicação ao consumidor, deixando ao próprio consumidor a faculdade de escolher os fornecedores dos quais desejaria receber a oferta ou comunicação. Tal desejo se materializaria por meio da inscrição do consumidor em "cadastros de envio".

Da forma como apresentado anteriormente ("cadastro de bloqueio"), sustentamos que a medida se apresentava como uma "inversão de valores", ao passo que, seria um absurdo obrigar o próprio consumidor a ter de inscrever-se em um cadastro, para não receber mais este tipo de oferta ou comunicação, as quais tantos transtornos geram para o cidadão.

Nesta última versão de anteprojeto, a questão foi disciplinada no § 5º do art. 45-E. Para não perder o foco da metodologia proposta, comentaremos de forma pormenorizada o assunto, quando analisarmos os incisos e parágrafos do art. 45-E.

No inciso VII do art. 5º, consta a menção de que a interpretação e a integração das normas e negócios jurídicos deverá ser feita da maneira mais favorável ao consumidor. Temos que essa repetição se faz desnecessária, considerando-se que no parágrafo único do art. 1º já há menção expressa a este diálogo das fontes.

> "Art. 6º ....
>
> ....
>
> XI – a autodeterminação, a privacidade e a segurança das informações e dados pessoais prestados ou coletados, por qualquer meio, inclusive o eletrônico;
>
> XII – a liberdade de escolha, em especial frente a novas tecnologias e redes de dados, sendo vedada qualquer forma de discriminação e assédio de consumo. (NR)"

Comentários: O art. 6º do CDC trata dos "Direitos Básicos do Consumidor". As disposições contidas neste artigo são nucleares, pois devem fazer-se presentes em todas as relações de consumo. O anteprojeto complementa o rol do art. 6º, reforçando a liberdade de escolha, já prevista de forma geral no inciso I do próprio art. 6º, especificamente em relação às novas tecnologias e a redes de dados, vedando qualquer forma de discriminação e assédio de consumo, muito comuns no ambiente virtual.

> "Art. 7º ....
>
> § 1º ....
>
> § 2º Aplica-se ao consumidor a norma mais favorável ao exercício de seus direitos e pretensões. (NR)"

Comentários: O anteprojeto reforça aqui a chamada "cláusula de abertura de sistema", disciplinada no *caput* do art. 7º, a qual prevê que os direitos previstos no CDC não excluem outros decorrentes de tratados ou convenções internacionais das quais o Brasil seja signatário, da legislação interna ordinária, de regulamentos expedidos pelas autoridades administrativas competentes, bem como, dos que derivem dos princípios gerais do direito, analogia, costumes e equidade.

Com a proposta, não se deixa mais dúvida para que se aplique, em benefício do consumidor, a norma mais favorável ao exercício de seus direitos e pretensões, esteja ela onde estiver.

> "Seção VII
>
> Do Comércio Eletrônico
>
> Art. 45-A. Esta seção dispõe sobre normas gerais de proteção do consumidor no comércio eletrônico, visando a fortalecer a sua confiança e assegurar tutela efetiva, com a diminuição da assimetria de informações, a preservação da segurança nas transações, a proteção da autodeterminação e da privacidade dos dados pessoais.
>
> Parágrafo único. As normas desta Seção aplicam-se às atividades desenvolvidas pelos fornecedores de produtos ou serviços por meio eletrônico ou similar".
>
> Comentários: A seção VII é a grande novidade no capítulo V, capítulo este que trata "das práticas comerciais".

Na técnica utilizada neste projeto, a comissão optou por criar uma nova seção no capítulo V do CDC. No anteprojeto anterior, as novidades presentes nesta nova seção estavam espalhadas pelos artigos 33, 39 e 49 sob a forma de novos parágrafos e incisos.

A comissão foi muito feliz na adoção desta nova distribuição e na criação de uma nova seção que trata especificamente do comércio eletrônico. Pela nova técnica, a disciplina dos assuntos está unida pela especificidade da matéria e não espalhada em outros artigos que, na versão anterior, ficaram longos, com muitos novos parágrafos e incisos.

Segundo o art. 45-A, esta nova seção regula as normas gerais de proteção do consumidor no comércio eletrônico. O objetivo das normas contidas nesta nova seção é fortalecer a confiança do consumidor no comércio eletrônico e assegurar a tutela efetiva, buscando-se a diminuição da assimetria de informações, a preservação da segurança nas transações, a proteção da autodeterminação e da privacidade dos dados pessoais.

Observe-se que a segurança nas transações e a proteção da privacidade dos dados pessoais do consumidor são alguns dos maiores desafios do anteprojeto na seara do comércio eletrônico.

> "Art. 45-B. Sem prejuízo do disposto nos arts. 31 e 33, o fornecedor de produtos e serviços que utilizar meio eletrônico ou similar deve disponibilizar em local de destaque e de fácil visualização:
>
> I – seu nome empresarial e número de sua inscrição no cadastro geral do Ministério da Fazenda;
>
> II – seu endereço geográfico e eletrônico, bem como as demais informações necessárias para sua localização, contato e recebimento de comunicações e notificações judiciais ou extrajudiciais.
>
> III – preço total do produto ou do serviço, incluindo a discriminação de quaisquer eventuais despesas, tais como a de entrega e seguro;
>
> IV – especificidades e condições da oferta, inclusive as modalidades de pagamento, execução, disponibilidade ou entrega;
>
> V – características essenciais do produto ou do serviço;
>
> VI – prazo de validade da oferta, inclusive do preço;
>
> VII – prazo da execução do serviço ou da entrega ou disponibilização do produto".

Comentários: O art. 45-B inicia sua disciplina legal especificando que o nele disposto deverá ser observado sem prejuízo do disciplinado nos arts. 31 e 33 do próprio CDC.

De fato, o disposto neste novo art. 45-B é disciplina complementar do já disposto nos arts. 31 e 33.

No art. 31, o legislador já havia determinado que a oferta e apresentação de produtos ou serviços devem assegurar informações corretas, claras, precisas, ostensivas e em língua portuguesa sobre suas características, qualidades, quantidade, composição, preço, garantia, prazos de validade e origem, entre outros dados, bem como, sobre os riscos que apresentam à saúde e segurança dos consumidores.

Tal regramento veio corroborar o direito básico do consumidor de ter acesso a uma informação adequada e clara sobre os diferentes produtos e serviços, com especificação correta de quantidade, características, composição, qualidade e preço, bem como, sobre os riscos que apresentem (BRASIL, CDC, art. 6º, III).

Registre-se, ainda, que, sobre o tema, devem também ser consultados a Lei nº 10.962/2004, que dispõe sobre a oferta e as formas de afixação de preços de produtos e serviços para o consumidor, e o Decreto nº 5.903/2006, que dispõe sobre as práticas infracionais que atentam contra o direito básico do consumidor de obter informação adequada e clara sobre produtos e serviços.

Por sua vez, o art. 33 traz disposição específica para quando a oferta ou venda for feita por telefone ou reembolso postal (hipóteses não presenciais). Para estas situações, o artigo determina que devem constar o nome do fabricante e o endereço na embalagem, na publicidade e em todos os impressos utilizados na transação comercial.

Tal dispositivo é de suma importância para o consumidor no momento de acionar o fornecedor nos Órgãos de Proteção do Consumidor ou mesmo no ajuizamento de uma ação em desfavor do fornecedor. Em ambas as hipóteses, é imprescindível que o consumidor apresente os dados para a qualificação mínima do fornecedor e onde este poderá ser citado/intimado.

Agora, com o novo art. 45-B, o fornecedor de produtos e serviços que utilizar o meio eletrônico ou similar para a divulgação de seus produtos ou serviços deverá disponibilizar em local de destaque e de fácil visualização, informações completas sobre o seu nome empresarial e o número de sua inscrição no cadastro geral do Ministério da Fazenda; informação sobre seu endereço geográfico e eletrônico, assim como, as demais informações necessárias para sua localização, contato e recebimento de comunicações e notificações judiciais ou extrajudiciais; informações sobre o preço total do produto ou do serviço, incluindo a discriminação de quaisquer eventuais despesas, tais como a de entrega e seguro; informações sobre as especificidades e condições da oferta, inclusive as modalidades de pagamento, execução, disponibilidade ou entrega; informações sobre as características essenciais do produto ou do serviço; informação sobre o prazo de validade da oferta, inclusive do preço; e, finalmente, informação sobre o prazo da execução do serviço ou da entrega ou disponibilização do produto.

Registre-se que a Comissão, a nosso ver, foi feliz na redação dos incisos deste novo dispositivo legal, pois estas questões referem-se exatamente ao que, na prática, causa muitos transtornos e problemas diuturnos ao consumidor.

> "Art. 45-C. É obrigação do fornecedor que utilizar o meio eletrônico ou similar:
>
> I – manter disponível serviço adequado, facilitado e eficaz de atendimento, tal como o meio eletrônico ou telefônico, que possibilite ao consumidor enviar e receber comunicações, inclusive notificações, reclamações e demais informações necessárias à efetiva proteção dos seus direitos;
>
> II – confirmar imediatamente o recebimento de comunicações, inclusive a manifestação de arrependimento e cancelamento do contrato, utilizando o mesmo meio empregado pelo consumidor ou outros costumeiros;
>
> III – assegurar ao consumidor os meios técnicos adequados, eficazes e facilmente acessíveis que permitam a identificação e correção de eventuais erros na contratação, antes de finalizá-la, sem prejuízo do posterior exercício do direito de arrependimento;
>
> IV – dispor de meios de segurança adequados e eficazes;
>
> V – informar aos órgãos de defesa do consumidor e ao Ministério Público, sempre que requisitado, o nome e endereço eletrônico e demais dados que possibilitem o contato do provedor

> de hospedagem, bem como dos seus prestadores de serviços financeiros e de pagamento".

Comentários: À semelhança do artigo anterior, o art. 45-C também traz regulamentação visando reduzir inúmeros problemas enfrentados pelo consumidor, tendo em vista a ausência de informações e segurança quando da realização de negócios jurídicos pelo meio eletrônico.

Pelo novo artigo, o fornecedor que utilizar meio eletrônico ou similar nas contratações com o consumidor passa a ser obrigado a manter disponível serviço adequado, facilitado e eficaz de atendimento, tal como o meio eletrônico ou telefônico, que possibilite ao consumidor enviar e receber comunicações, inclusive notificações, reclamações e demais informações necessárias à efetiva proteção dos seus direitos.

Em outra frente, passa a obrigar os fornecedores a também confirmar de imediato o recebimento de comunicações, inclusive a manifestação de arrependimento e cancelamento do contrato, utilizando o mesmo meio empregado pelo consumidor ou outros costumeiros, além de assegurar obrigatoriamente ao consumidor os meios técnicos adequados, eficazes e facilmente acessíveis que permitam a identificação e correção de eventuais erros na contratação, antes de finalizá-la, sem prejuízo do posterior exercício do direito de arrependimento.

Em termos de segurança, obriga-se a dispor de meios adequados e eficazes, além de ter de informar aos órgãos de defesa do consumidor e ao Ministério Público, sempre que requisitado, o nome e endereço eletrônico e demais dados que possibilitem o contato do provedor de hospedagem, assim como de seus prestadores de serviços financeiros e de pagamento.

> "Art. 45-D. Na contratação por meio eletrônico ou similar, o fornecedor deve enviar ao consumidor:
>
> I – confirmação imediata do recebimento da aceitação da oferta, inclusive em meio eletrônico;
>
> II – via do contrato em suporte duradouro, assim entendido qualquer instrumento, inclusive eletrônico, que ofereça as garantias de fidedignidade, inteligibilidade e conservação dos dados contratuais, permitindo ainda a facilidade de sua reprodução".

Comentários: Outros grandes problemas enfrentados pelo consumidor na contratação por meio eletrônico são a falta de confirmação imediata do recebimento da aceitação da oferta e a disponibilização, ou mesmo, o envio do contrato, que rege a relação jurídica estabelecida entre as partes, constando todas as condições do negócio e as informações básicas que devem ser passadas ao consumidor na celebração de qualquer negócio jurídico.

O novo art. 45-D vem para tentar corrigir estas falhas, disciplinando exatamente que o fornecedor deve enviar ao consumidor, não só a confirmação imediata do recebimento da aceitação da oferta, inclusive em meio eletrônico, mas também a via do contrato em suporte duradouro, assim entendido qualquer instrumento, inclusive eletrônico, que ofereça as garantias de fidedignidade, inteligibilidade e conservação dos dados contratuais, permitindo ainda a facilidade de sua reprodução.

> "Art. 45-E. É vedado enviar mensagem eletrônica não solicitada a destinatário que:
>
> I – não possua relação de consumo anterior com o fornecedor e não tenha manifestado consentimento prévio em recebê-la;
>
> II – esteja inscrito em cadastro de bloqueio de oferta; ou
>
> III – tenha manifestado diretamente ao fornecedor a opção de não recebê-la.
>
> § 1º Se houver prévia relação de consumo entre o remetente e o destinatário, admite-se o envio de mensagem não solicitada, desde que o consumidor tenha tido oportunidade de recusá-la.
>
> § 2º O fornecedor deve informar ao destinatário, em cada mensagem enviada:
>
> I – o meio adequado, simplificado, seguro e eficaz que lhe permita, a qualquer momento, recusar, sem ônus, o envio de novas mensagens eletrônicas não solicitadas; e
>
> II – o modo como obteve os dados do consumidor.
>
> § 3º O fornecedor deve cessar imediatamente o envio de ofertas e comunicações eletrônicas ou de dados a consumidor que manifestou a sua recusa em recebê-las.

> § 4º Para os fins desta seção, entende-se por mensagem eletrônica não solicitada a relacionada a oferta ou publicidade de produto ou serviço e enviada por correio eletrônico ou meio similar.
>
> § 5º É também vedado:
>
> I- remeter mensagem que oculte, dissimule ou não permita de forma imediata e fácil a identificação da pessoa em nome de quem é efetuada a comunicação e a sua natureza publicitária.
>
> II- veicular, hospedar, exibir, licenciar, alienar, utilizar, compartilhar, doar ou de qualquer forma ceder ou transferir dados, informações ou identificadores pessoais, sem expressa autorização e consentimento informado do seu titular, salvo exceções legais."

Comentários: Finalmente teremos no CDC (se tal disposição passar no Congresso Nacional) um dispositivo que **VEDARÁ** o envio de mensagens eletrônicas não solicitadas pelo consumidor, os conhecidos *spams*.

Guilherme Magalhães Martins, ao discorrer sobre o tráfego jurídico na internet e os valores fundamentais ligados à pessoa, aduz que:

> O spam pode ser definido como a mensagem eletrônica não solicitada, recebida por intermédio da internet sem o consentimento prévio do usuário, normalmente destinando-se à divulgação de produtos ou serviços, gratuitamente ou mediante remuneração direta ou indireta. Tal figura é considerada como a modalidade de publicidade telemática mais invasiva e eficaz, de longa data condenada pela Netiqueta. (MARTINS, 2010, p.38)

De fato, nos últimos anos, nossas caixas de entrada de e-mail têm sido invadidas por mensagens não solicitadas, insistentes e, por vezes, enganosas e abusivas.

Como já dissemos anteriormente, no dia 13 (treze) de setembro de 2011, sustentamos, em evento que discutiu as reformas do CDC, realizado em Belo Horizonte, pela Comissão de Defesa do Consumidor da Ordem dos Advogados do Brasil – seção de Minas Gerais, que o ideal seria a proibição de envio de qualquer oferta ou comunicação ao consumidor, deixando ao próprio consumidor a faculdade de escolher os fornecedores dos quais desejaria receber a oferta ou comunicação. Tal desejo se materializaria através da inscrição do consumidor em "**cadastros de envio**", inclusive se cadastrando para receber este tipo de comunicação dos fornecedores com os quais possua relação de consumo anterior.

Da forma como disciplinado no inciso II do artigo em comento ("cadastro de bloqueio"), continuamos a sustentar que a medida se apresenta como uma "inversão de valores", ao passo que, seria um absurdo obrigar o próprio consumidor a ter de inscrever-se em um cadastro para não receber mais este tipo de oferta ou comunicação, que tantos transtornos causam para o consumidor.

Em última análise, consideramos que o envio destas mensagens se caracteriza como uma violação da privacidade do cidadão e, como tal, deveria ser completamente proibida, além de ensejar reparação por danos morais, nas hipóteses em que ocorre patente abuso por parte do fornecedor.

Neste sentido, o pensamento de Guilherme Magalhães Martins:

> Mais do que um mero aborrecimento ou transtorno do dia-a-dia, o spam presta-se a ensejar a responsabilidade do seu autor pela compensação dos danos morais causados à vítima, por ofensa à sua privacidade, tutelada pelo art. 5º, X e V, da Constituição da República, desde que haja uma permanente repetição de e-mails. (MARTINS, 2010, p.38)

No entanto, pela técnica de redação adotada no projeto em análise, a Comissão propõe a vedação do envio de mensagens eletrônicas não solicitadas apenas para os destinatários que não possuam relação de consumo anterior com o fornecedor; que não tenham manifestado consentimento prévio em recebê-las; que estejam inscritos em cadastro de bloqueio de oferta ou que tenham manifestado diretamente ao fornecedor a opção de não recebê-la.

Tais medidas seriam interessantes se os fornecedores não tivessem abusado, e tanto, da boa-fé dos consumidores, ao longo da última década, e não tivessem violado tanto a privacidade do cidadão brasileiro.

Como houve o desrespeito patente deste direito fundamental, sustentamos, repita-se, que o ideal seria a proibição de envio de qualquer oferta ou comunicação ao consumidor, deixando ao próprio consumidor a faculdade de escolher se deseja ou não receber tais ofertas ou comunicações, sendo que tal desejo se materializaria através da inscrição do consumidor em "**cadastros de envio**".

No § 1º do art. 45-E, o projeto volta a conceder permissivos para o envio das famigeradas mensagens não solicitadas, quando houver, por exemplo, prévia relação de consumo entre o remetente e o destinatário, desde que o consumidor tenha tido oportunidade de recusá-la.

No § 2º, o projeto determina que o fornecedor deverá informar ao destinatário, em cada mensagem enviada, o meio adequado, simplificado, seguro e eficaz que lhe permita, a qualquer momento, recusar, sem ônus, o envio de novas mensagens eletrônicas não solicitadas **e o modo como obteve os dados do consumidor**.

Esta última disposição legal vem ao encontro dos esforços que estão sendo feitos para coibir, ou ao menos diminuir, a venda ilegal e não autorizada de dados e informações sobre os cidadãos brasileiros.

No § 3º, o projeto estabelece que o fornecedor deve cessar imediatamente o envio de ofertas e comunicações eletrônicas ou de dados ao consumidor que manifestou a sua recusa em recebê-las.

Voltamos a sustentar que o ideal seria a proibição geral do envio de ofertas e comunicações a todos os consumidores, salvo para aqueles que se inscrevessem em "cadastros de envio".

Veja que, na hipótese do § 3º, a violação já foi caracterizada: o consumidor já recebeu uma mensagem eletrônica não autorizada e, para não ter sua privacidade violada novamente, deve manifestar a sua recusa ao fornecedor para que este não viole outra vez a sua privacidade!

Data maxima venia, isso é uma verdadeira INVERSÃO DE VALORES!!!

No § 4º, o projeto definiu que, para os fins desta seção, entende-se por mensagem eletrônica não solicitada a relacionada à oferta ou publicidade de produto ou serviço e enviada por correio eletrônico ou meio similar.

Observação acertada, ao passo que os fornecedores estão violando a nossa privacidade também por meio de mensagens (SMS) que estão sendo enviadas para nossos celulares.

Por várias vezes ao longo do dia, somos vítimas desta prática abusiva, recebendo mensagens de números e de fornecedores que sequer conhecemos, além das mensagens que são enviadas aos domingos, feriados e, até mesmo, ao longo da noite.

Portanto, mensagem eletrônica não solicitada não é apenas a enviada por correio eletrônico, mas sim, por todo e qualquer meio similar, inclusive, a nosso ver, as mensagens enviadas de celular ou outros equipamentos eletrônicos similares.

Finalmente, no § 5º, o projeto especifica que também é vedado remeter mensagem que oculte, dissimule ou não permita, de forma imediata e fácil, a identificação da pessoa em nome de quem é efetuada a comunicação e a sua natureza publicitária, bem como é vedado veicular, hospedar, exibir, licenciar, alienar, utilizar, compartilhar, doar ou, de qualquer forma, ceder ou transferir dados, informações ou identificadores pessoais, sem expressa autorização e consentimento informado do seu titular, salvo exceções legais.

> "Art. 49. O consumidor pode desistir da contratação a distância, no prazo de sete dias a contar da aceitação da oferta ou do recebimento ou disponibilidade do produto ou serviço, o que ocorrer por último.
>
> § 1º..
>
> § 2º Por contratação a distância entende-se aquela efetivada fora do estabelecimento, ou sem a presença física simultânea do consumidor e fornecedor, especialmente em domicílio, por telefone, reembolso postal, por meio eletrônico ou similar.
>
> § 3º Equipara-se à modalidade de contratação prevista no § 2º deste artigo aquela em que, embora realizada no estabelecimento, o consumidor não teve a prévia oportunidade de conhecer o produto ou serviço, por não se encontrar em exposição ou pela impossibilidade ou dificuldade de acesso a seu conteúdo.
>
> § 4º Caso o consumidor exerça o direito de arrependimento, os contratos acessórios de crédito são automaticamente rescindidos, sem qualquer custo para o consumidor;
>
> § 5º Sem prejuízo da iniciativa do consumidor, o fornecedor deve comunicar de modo imediato a manifestação do exercício de arrependimento à instituição financeira ou à administradora do cartão de crédito ou similar, a fim de que:

> I – a transação não seja lançada na fatura do consumidor;
>
> II – seja efetivado o estorno do valor, caso a fatura já tenha sido emitida no momento da comunicação;
>
> III – caso o preço já tenha sido total ou parcialmente pago, seja lançado o crédito do respectivo valor na fatura imediatamente posterior à comunicação.
>
> § 6º Se o fornecedor de produtos ou serviços descumprir o disposto no § 1º ou no § 5º, o valor pago será devolvido em dobro.
>
> § 7º O fornecedor deve informar, de forma clara e ostensiva, os meios adequados, facilitados e eficazes disponíveis para o exercício do direito de arrependimento do consumidor, que devem contemplar, ao menos, o mesmo modo utilizado para a contratação.
>
> § 8º O fornecedor deve enviar ao consumidor confirmação individualizada e imediata do recebimento da manifestação de arrependimento.
>
> § 9º O descumprimento dos deveres do fornecedor previstos neste artigo e nos artigos da Seção VII do Capítulo V do Título I desta lei enseja a aplicação pelo Poder Judiciário de multa civil em valor adequado à gravidade da conduta e suficiente para inibir novas violações, sem prejuízo das sanções penais e administrativas cabíveis e da indenização por perdas e danos, patrimoniais e morais, ocasionados aos consumidores. (NR)"

Comentários: Muitas são as novidades inseridas no famoso art. 49 do CDC. Vamos a elas:

Percebe-se, logo de início, que a Comissão de Juristas reformulou inclusive o *caput* do art. 49, ainda vigente. Tal dispositivo está redigido atualmente da seguinte forma:

> Art. 49. O consumidor pode desistir do contrato, no prazo de 7 dias a contar de sua assinatura ou do ato de recebimento do produto ou serviço, sempre que a contratação de fornecimento de produtos e serviços ocorrer fora do estabelecimento comercial, especialmente por telefone ou a domicílio. (BRASIL, Projeto de Lei do Senado nº 281, 2012).

A proposta de redação para o novo art. 49 levou em consideração a necessidade de atualizar-se a redação do dispositivo em referência à nova realidade das comunicações e aos novos meios eletrônicos hoje existentes.

Por isso, o projeto menciona que o consumidor pode desistir da contratação que ocorrer "a distância", e não mais àquela que ocorrer "fora do estabelecimento comercial, especialmente por telefone ou a [sic] domicílio".

Não há dúvida de que as contratações à distância (comércio eletrônico especialmente) representam um percentual significativo nas vendas que são feitas atualmente.

Portanto, o projeto adequa o *caput* do art. 49 às novas realidades e modalidades eletrônicas hoje existentes.

Em outra frente, o *dies a quo* da contagem do prazo para o exercício do direito de arrependimento também foi alterado.

Na redação atual, o prazo de 7 (sete) dias inicia a sua contagem a partir da assinatura do contrato ou do ato de recebimento do produto ou serviço. Agora, o prazo tem início a partir da aceitação da oferta, do recebimento ou disponibilidade do produto ou serviço, valendo o que ocorrer por último. Na maioria dos casos, o prazo começará a correr a partir da data do recebimento do produto, pois esta é a hipótese mais comum na prática.

Para evitar interpretações distorcidas por parte dos fornecedores, o projeto explica didaticamente, no § 2º, que por contratação a distância deve entender-se aquela efetivada fora do estabelecimento, ou sem a presença física simultânea do consumidor e fornecedor, especialmente, em domicílio, por telefone, reembolso postal, por meio eletrônico ou similar.

Importante inovação encontramos, no § 3º do novo art. 49. Como já é do conhecimento de quem estuda o Direito do Consumidor, o direito de arrependimento previsto no art. 49 foi criado exatamente para que o consumidor possa refletir sobre a compra realizada e para que possa conhecer o produto que adquiriu. Ora, se é uma compra realizada "a distância", é claro que o consumidor não teve acesso pessoal e direto ao produto. Não teve o produto em suas mãos, não sentiu o seu peso, não teve como aferir as dimensões reais deste e não teve como constatar se o produto é realmente tudo aquilo que o fornecedor veiculou em uma publicidade. Por estas razões é que o legislador consumerista disciplinou no CDC o conhecido e importante "Direito de Arrependimento".

No entanto, dúvidas ainda existem sobre a aplicação deste direito nas compras realizadas no estabelecimento empresarial do fornecedor, quando o consumidor, por questões de responsabilidade do fornecedor, não teve contato direto com o produto, mas sim apenas com fotos, catálogos técnicos etc. Esta hipótese é bastante comum nos casos em que o fornecedor não tem o produto no estoque e/ou mostruário, mas realiza a venda ao consumidor com a promessa de entrega posterior do produto.

A dificuldade desta situação encontra-se no fato de que a contratação foi realizada dentro do estabelecimento empresarial do fornecedor. Entretanto, o consumidor não teve acesso ao produto. Por este último aspecto justifica-se, em nossa opinião, a aplicação do direito de arrependimento também a esta situação hipotética.

Para disciplinar esta situação e acabar com as dúvidas até então existentes, o projeto prescreve no § 3º a equiparação à modalidade de contratação a distância (prevista no § 2º deste artigo) àquela contratação em que, não obstante ter sido realizada no estabelecimento do fornecedor, o consumidor não teve a prévia oportunidade de conhecer o produto ou serviço, por não se encontrar o produto em exposição ou pela impossibilidade ou dificuldade de acesso a seu conteúdo.

Outra dificuldade encontrada pelo consumidor que exerce o seu direito de arrependimento manifesta-se quando a contratação é feita mediante instituição financeira ou administradora de cartão de crédito ou similar. Algumas destas empresas tem imposto uma série de dificuldades e burocracias para que o consumidor possa ter efetivamente o reembolso daquilo que pagou.

Para resolver este problema, o § 4º aduz que, caso o consumidor exerça o direito de arrependimento, os contratos acessórios de crédito serão automaticamente rescindidos, sem qualquer custo para o consumidor.

Nada mais justo se tivermos sempre em mente a "teoria do risco da atividade", isto é, se uma instituição financeira ou administradora de cartão de crédito ou similar celebra um contrato com uma empresa que explora o comércio eletrônico, é claro que aquelas empresas estão sujeitas a um risco, qual seja, o de o consumidor exercitar, no prazo de 7 (sete) dias, o seu direito de arrependimento e, como consequência, ter o direito ao reembolso daquilo que pagou com o consequente cancelamento de todo e qualquer contrato acessório de crédito que foi celebrado e, inclusive, sem qualquer custo.

Para dar maior efetividade ao direito de arrependimento quando o negócio envolve outras empresas, notadamente de crédito, o projeto inclui, no art. 49, novo regramento, em seu § 5º, no sentido de que, sem prejuízo da iniciativa do consumidor, o fornecedor deve comunicar de modo imediato a manifestação do exercício de arrependimento à instituição financeira ou à administradora do cartão de crédito ou similar, a fim de que a transação não seja lançada na fatura do consumidor.

Em outra frente, determina que seja efetivado o estorno do valor, caso a fatura já tenha sido emitida no momento da comunicação, e, finalmente, que, caso o preço já tenha sido total ou parcialmente pago, seja lançado o crédito do respectivo valor na fatura imediatamente posterior à comunicação.

Ressalte-se que é o fornecedor (e não o consumidor) quem tem a obrigação legal de comunicar à instituição financeira ou à administradora do cartão de crédito ou similar que o consumidor está exercendo o seu direito de arrependimento.

Na seara das sanções, o § 6º estabelece que o fornecedor de produtos ou serviços deverá devolver em dobro ao consumidor o valor pago em caso de descumprimento do disposto no § 1º ou no § 5º do art. 49.

O § 6º só esqueceu-se de mencionar que o valor a ser devolvido também deverá ser obrigatoriamente corrigido monetariamente. Sugerimos, portanto, que esta falha seja corrigida.

De forma mais ampla, o novo § 9º determina que o descumprimento dos deveres do fornecedor, previstos neste artigo e nos artigos da Seção VII do Capítulo V do Título I desta lei, enseja a aplicação pelo Poder Judiciário de multa civil em valor adequado à gravidade da conduta e suficiente para inibir novas violações, sem prejuízo das sanções penais e administrativas cabíveis e da indenização por perdas e danos, patrimoniais e morais, ocasionados aos consumidores.

A nosso ver, o § 9º apresenta uma falha de redação, no que se refere à multa civil. Entendemos que o ideal seria a menção clara sobre a destinação do valor desta multa para que não pairem dúvidas acerca de sua destinação. Por se tratar de multa civil, o valor não deve ser destinado ao consumidor/autor de uma demanda individual, mas sim a um Fundo para a proteção dos interesses difusos e coletivos dos consumidores.

Não obstante a observação feita acima, temos de admitir que, no § 9º, o anteprojeto prima pelo caráter satisfativo e, principalmente, punitivo do fornecedor que desrespeita as normas estabelecidas pelo CDC na Seção VII do Capítulo V do Título I.

Outro problema ainda muito comum diz respeito ao fato de o consumidor não conseguir informações claras e ostensivas dos fornecedores quanto aos meios para o exercício de seu direito de arrependimento. Existe toda uma rede de dificuldades para que o consumidor possa exercer este direito.

Pensando nestas dificuldades, o § 7º prescreve que o fornecedor deve informar, de forma clara e ostensiva, os meios adequados, facilitados e eficazes, disponíveis para o exercício do direito de arrependimento do consumidor, que devem contemplar, ao menos, o mesmo modo utilizado para a contratação.

O final do dispositivo em análise é de fundamental importância [... *ao menos, o mesmo modo utilizado para a contratação*]. Se o consumidor contratou por meio de uma página na internet, por exemplo, a opção para o exercício do direito de arrependimento também deve estar nesta mesma página, devendo aparecer de forma clara e ostensiva para o consumidor, além de poder constar em outros canais de comunicação com a empresa.

Por fim, para dar maior tranquilidade ao consumidor e acabar com as incertezas sobre o recebimento e confirmação ou não do pedido do exercício do direito de arrependimento, o § 8º determina que o fornecedor deve enviar ao consumidor confirmação individualizada e imediata do recebimento da manifestação de arrependimento.

> "Art. 56. ....
>
> ....

XIII – suspensão temporária ou proibição de oferta e de comércio eletrônico.

.... (NR)"

Comentários: No campo das sanções administrativas (Capítulo VII), o projeto faz a inserção de uma nova sanção no rol do art. 56, sanção esta específica ao comércio eletrônico.

Desta forma, o fornecedor de produtos ou serviços que cometer alguma infração das normas de defesa do consumidor fica também sujeito à **suspensão temporária ou proibição de veiculação de oferta e de comércio eletrônico.**

"Art. 59. ....

....

"§ 4º Caso o fornecedor por meio eletrônico ou similar descumpra a pena de suspensão ou de proibição de oferta e de comércio eletrônico, sem prejuízo de outras medidas administrativas ou judiciais de prevenção de danos, o Poder Judiciário determinará, a pedido da autoridade administrativa ou do Ministério Público, no limite estritamente necessário para a garantia da efetividade da sanção, que os prestadores de serviços financeiros e de pagamento utilizados pelo fornecedor, de forma alternativa ou conjunta, sob pena de pagamento de multa diária:

I – suspendam os pagamentos e transferências financeiras para o fornecedor de comércio eletrônico;

II – bloqueiem as contas bancárias do fornecedor. (NR)"

Comentários: Ainda no campo das penalidades, o projeto propõe o acréscimo de um novo § 4º, no art. 59 do CDC. Observe que o parágrafo em comento é específico para os fornecedores que se utilizam do meio eletrônico.

Desta forma, caso o fornecedor, por meio eletrônico ou similar, descumpra a pena de suspensão ou de proibição de oferta e de comércio eletrônico, sem prejuízo de outras medidas administrativas ou judiciais de prevenção de danos, o Poder Judiciário determinará, a pedido da autoridade administrativa ou do Ministério Público, no limite estritamente necessário para a garantia da efetividade da sanção, que os prestadores de serviços financeiros e de pagamento utilizados pelo fornecedor, de forma alternativa ou conjunta, sob pena de pagamento de multa diária, façam a suspensão dos pagamentos e transferências financeiras para o fornecedor de comércio eletrônico e/ou bloqueiem as contas bancárias do fornecedor.

> "Art. 72-A. Veicular, hospedar, exibir, licenciar, alienar, utilizar, compartilhar, doar ou de qualquer forma ceder ou transferir dados, informações ou identificadores pessoais, sem a expressa autorização de seu titular e consentimento informado, salvo exceções legais.
>
> Pena – Reclusão, de um a quatro anos, e multa."

Comentários: No campo das infrações penais (Título II), o projeto propõe a inclusão de um novo crime contra as relações de consumo através do novo art. 72-A.

Trata-se da conduta típica de veicular, hospedar, exibir, licenciar, alienar, utilizar, compartilhar, doar ou de qualquer forma ceder ou transferir dados, informações ou identificadores pessoais, sem a expressa autorização de seu titular e consentimento informado, salvo exceções legais.

Tal dispositivo vem tipificar no direito a conduta praticada largamente no Brasil, por algumas pessoas físicas, e mesmo jurídicas, que veiculam, hospedam, exibem, licenciam, alienam, utilizam, compartilham, doam, cedem ou transferem dados ou informações sem a expressa autorização do consumidor.

Nos termos propostos, a pena para este novo crime é de reclusão, de um a quatro anos, e multa.

> "Art. 101. Na ação de responsabilidade contratual e extracontratual do fornecedor de produtos e serviços, inclusive no fornecimento a distância nacional e internacional, sem prejuízo do disposto nos Capítulos I e II deste Título:
>
> I – será competente o foro do domicílio do consumidor, nas demandas em que o consumidor residente no Brasil seja réu e que versem sobre relações de consumo;
>
> II – o consumidor, nas demandas em que seja autor, poderá escolher, além do foro indicado no inciso I, o do domicílio do fornecedor de produtos ou serviços, o do lugar da celebração ou da execução do contrato ou outro conectado ao caso;

III – são nulas as cláusulas de eleição de foro e de arbitragem celebradas pelo consumidor.

Parágrafo único. Aos conflitos decorrentes do fornecimento a distância internacional, aplica-se a lei do domicílio do consumidor, ou a norma estatal escolhida pelas partes, desde que mais favorável ao consumidor, assegurando igualmente o seu acesso à Justiça. (NR)"

Comentários: No capítulo que trata das ações de responsabilidade do fornecedor de produtos e serviços (Capítulo III), o projeto propõe mudanças na redação do *caput* do art. 101, reformulações nos incisos I e II e o acréscimo de um inciso III e de um parágrafo único ao art. 101 do CDC.

No *caput* do art. 101, o projeto maximizou o alcance de tal dispositivo ao prever sua incidência nas ações que tratam de responsabilidade contratual e extracontratual do fornecedor de produtos e serviços, inclusive no fornecimento a distância, nacional e internacional, sem prejuízo do disposto nos Capítulos I e II do Título III do CDC.

Em seus incisos, o projeto propõe a adoção de regras claras de fixação de competência ao dispor, no inciso I, que será competente o foro do domicílio do consumidor, nas demandas em que o consumidor residente no Brasil seja réu e que versem sobre relações de consumo.

No inciso II, traz uma novidade ao dispor que o consumidor, nas demandas em que seja autor, poderá escolher, além do foro indicado no inciso I, o do domicílio do fornecedor de produtos ou serviços, o do lugar da celebração ou da execução do contrato ou outro conectado ao caso.

Nesta hipótese, o dispositivo deixa a escolha do foro nas mãos do consumidor, que fará a escolha em conformidade com o local onde ele poderá mais facilmente realizar a defesa dos seus direitos.

No inciso III, o projeto deixa claro que são nulas as cláusulas de eleição de foro e de arbitragem celebradas pelo consumidor.

Tal disposição faz-se realmente necessária tendo em vista as inúmeras manobras já realizadas pelos fornecedores com o fim de se alterar o foro e dificultar, ao máximo, a defesa dos direitos do seu consumidor.

Os fornecedores faziam isso com cláusulas abusivas de eleição de foro e de arbitragem, cláusulas estas que, com a nova proposta, são consideradas nulas.

Por fim, o novo parágrafo único proposto pelo anteprojeto vem disciplinar uma questão controvertida que diz respeito à aplicação de leis.

Pela nova proposta, aos conflitos decorrentes do fornecimento à distância internacional, aplica-se a lei do domicílio do consumidor, ou a norma estatal escolhida pelas partes, desde que mais favorável ao consumidor, assegurando igualmente o seu acesso à Justiça.

A nosso ver, a redação do novo parágrafo único é boa, pois disciplina, finalmente, a aplicação da lei do domicílio do consumidor nestas situações, ou seja, aplicação do nosso CDC.

Autoriza, ainda, que seja aplicada a norma estatal escolhida pelas partes. No entanto, para evitar que o fornecedor imponha a norma estatal de outro país, o parágrafo único condiciona a escolha à norma que for mais favorável ao consumidor, o que, na grande maioria dos casos, obrigará a aplicação do nosso CDC.

Art. 2º Esta Lei entra em vigor na data da sua publicação.

Comentários: Talvez esta norma de aplicabilidade imediata sofra mudanças quando da votação do anteprojeto.

Muito provavelmente figurará aqui um prazo de *vacatio legis* de 90, 120 ou até de 180 dias, para a entrada em vigor das novidades que forem votadas e aprovadas por nosso legislativo.

CONCLUSÃO

Atualizações são indispensáveis para manter-se a lei vigente em perfeita sintonia com as modificações ocorridas na sociedade que é dela destinatária.

Aprende-se, no primeiro ano do curso de graduação em Direito, que a sociedade é dinâmica e que o Direito deve acompanhar as modificações havidas em razão desta dinamicidade das relações sociais.

Exatamente por isso é que, de tempos em tempos, as leis precisam ser revistas, modificadas ou até mesmo revogadas.

O Brasil vive exatamente este momento de revisão de algumas de suas principais leis e Códigos. Assim, já aconteceu com o Código Civil de 1916, que foi revogado pelo Código Civil de 2002, e com o Decreto-Lei nº 7.661/1945, que foi revogado pela Lei nº 11.101/2005

(Nova Lei de Falência e de Recuperação de Empresas), para citar apenas alguns exemplos.

Em outra frente, muitos dos nossos atuais Códigos estão passando pelo processo de proposta de revisão, como é o caso dos Códigos de Processo Civil, Processo Penal, Código Penal, Código Comercial, Código Eleitoral e de outras importantes legislações.

Neste contexto, surge a proposta de atualização do Código de Defesa do Consumidor, proposta esta focada em três eixos fundamentais: superendividamento e crédito ao consumidor; comércio eletrônico e ritos processuais das ações civis públicas. Cada um destes assuntos é atualmente objeto de um projeto de lei específico.

Como mencionamos, o objetivo da reforma do CDC é nobre: normatizar as mudanças nas relações de consumo ocorridas nos últimos 20 (vinte) anos e ampliar os direitos do consumidor previstos em uma das legislações mais importantes e próximas do cidadão brasileiro: o Código de Defesa do Consumidor.

No presente artigo, analisamos, dispositivo por dispositivo, o Projeto de Lei do Senado Nº 281, que trata em específico do comércio eletrônico e constatamos que o presente projeto é, de fato, consideravelmente mais bem redigido do que a primeira versão do anteprojeto anteriormente apresentada pela Comissão.

Tal melhora é, sem dúvida, fruto das inúmeras discussões e audiências públicas realizadas pela Comissão, o que possibilitou a ampla discussão da reforma proposta e o oferecimento de inúmeras contribuições valiosas por parte de Associações, Subseções da OAB, Entidades e Órgãos de Proteção e Defesa do Consumidor etc.

Estas contribuições é que melhoraram substancialmente o anteprojeto e o aproximaram, ainda mais, dos verdadeiros problemas e necessidades do consumidor brasileiro.

No entanto, como também verificamos no decorrer do estudo, o próprio projeto ainda apresenta algumas falhas, falhas estas que foram devidamente apontadas e elucidadas, quando analisamos os artigos do projeto em referência.

Concluindo este artigo, conclamamos a sociedade brasileira para um movimento de vigília, no sentido de acompanhar de perto os trabalhos que estão sendo desenvolvidos no Congresso Nacional para não admitir, em hipótese alguma, que os direitos já previstos no CDC sejam tolhidos, atendendo-se a interesses privados oriundos de certos setores que, infelizmente, têm muita força e estão arraigados no Poder Legislativo brasileiro.

Qualquer proposta normativa relacionada aos direitos do consumidor deve ter por pressuposto básico a ampliação de garantias e direitos já assegurados no texto do CDC, em estrito respeito ao princípio do não retrocesso de direitos.

REFERÊNCIAS BIBLIOGRÁFICAS

ALMEIDA, João Batista de. **A proteção jurídica do consumidor**. 2. ed. rev. atual. e ampl. São Paulo: Saraiva, 2000.

BITTAR, Carlos Alberto. **Direitos do consumidor**: código de defesa do consumidor. 6. ed. atualização de Eduardo C. B. Bittar. Rio de Janeiro: Forense Universitária, 2003.

BRASIL. Constituição (1934). Constituição da República Federativa do Brasil. Brasília: Senado Federal, 1934.

Disponível em http://www.planalto.gov.br/ccivil_03/Constituicao/Constituicao34.htm. Acesso em: 06 abr. 2012.

BRASIL. Constituição (1988). Constituição da República Federativa do Brasil. Brasília: Senado Federal, 1988.

Disponível em http://www.planalto.gov.br/ccivil_03/Constituicao/Constitui%C3%A7ao.htm. Acesso em 06 abr. 2012.

BRASIL. **Código de Defesa do Consumidor**. Brasília: Senado, 1990.

BRASIL. **Projeto de Lei nº 281**. Brasília: Senado, 2012.

CARVALHO, João Andrades. **Código de defesa do consumidor**: comentários, doutrina, jurisprudências. Rio de Janeiro: Aide Editora, 2000.

CARVALHO, Sylvio Vicente de. **O direito do consumidor**: código de proteção e defesa do consumidor. Porto Alegre: Sagra Luzzatto, 1997.

MARTINS, Guilherme Magalhães. **Formação dos contratos eletrônicos de consumo via internet**. Rio de Janeiro: Lumen Juris, 2010.

MARTINS, Plínio Lacerda. **Anotações ao código de defesa do consumidor**. Rio de Janeiro: Forense, 2004.

ROLLO, Alberto; ROLLO, Arthur. O CDC contra o interesse difuso. **Revista de Direitos Difusos**, São Paulo, ano V, v. 26, jul./ago. 2004.

SORBELLO, María Gabriela. **Derecho práctico de defensa del consumidor**. Buenos Aires: Cathedra Jurídica, 2006.

PEQUENAS LESÕES, GRANDES NEGÓCIOS: A ESTRATÉGIA DE ENRIQUECIMENTO ILÍCITO DO FORNECEDOR

Marcelo Rodrigo Barbosa[1]

INTRODUÇÃO

Com o advento do Código de Defesa do Consumidor, que foi um mandamento constitucional, veio à baila a normatização da ética nas relações de consumo.

O Direito do Consumidor, positivado desde 1988, apoia-se em princípios de ordem ética e moral, distribuídos nos artigos da Constituição Brasileira, do Código de Defesa do Consumidor e do Novo Código Civil. Princípios esses intitulados de boa-fé objetiva, de harmonização e de equilíbrio das relações de consumo, mitigando a vulnerabilidade e a hipossuficiência do consumidor, tudo isso de modo a viabilizar os princípios nos quais se fundam a ordem econômica brasileira, com destaque especial para a defesa daquele consumidor que compra produtos e contrata serviços neste País. Assim, garante-se ao consumidor o mínimo de cidadania, de dignidade e de proteção, pilares do Estado Democrático de Direito, em vigor no nosso País.

---

1 Coordenador do Procon da Assembleia Legislativa do Estado de Minas Gerais e Presidente da Comissão de Defesa do Consumidor da Ordem dos Advogados do Brasil – Seção Minas Gerais

A ordem econômica brasileira traz a defesa do consumidor como um mandamento a ser observado por todos aqueles que aqui fabricam e/ou introduzem os seus produtos e serviços no mercado brasileiro.

Em todas as relações de consumo, devem ser observados os princípios acima mencionados, princípios esses norteadores de qualquer negócio de consumo, que vão da compra do aparelho celular à do apartamento, da lavagem do carro às compras feitas por meio do comércio eletrônico.

Da mesma forma que os produtos e serviços colocados nesse mercado de consumo não podem acarretar riscos à saúde ou à segurança dos consumidores, os contratantes são obrigados a guardar, seja na conclusão do contrato, seja na sua execução, os princípios da probidade e da boa-fé.

E é, neste momento, que devemos ter a ética reinando nessas relações, como uma fórmula de filosofia moral, tirada dos melhores dicionários jurídicos, conduzida sem desvios de conduta. Uma ética que traz em seu âmago as pétalas da honestidade e da intenção de agir-se livre do erro, da ignorância, do dolo, da coação e da lesão. Caracterizando, assim, um negócio no qual haja a convicção de alguém que acredita estar de acordo com a lei.

Se realmente almejamos um forte sistema de defesa do consumidor, no nível tanto federal quanto estadual ou municipal, temos um grande desafio pela frente, que é o de mediarmos a condução harmônica das relações de consumo, impedindo que o voraz empresário capitalista, da fábrica ou do comércio, abuse do vulnerável e hipossuficiente consumidor, do campo ou da cidade.

Sabemos que, para alguns desses fornecedores, a ética anda na contramão do lucro. Mas sabemos também que aqueles que se utilizam do Código de Defesa do Consumidor como instrumento imprescindível de "marketing", a fim de balizar seus negócios, têm tido resultados muito positivos, pois perceberam que o maior patrimônio destes é, de fato, o cliente. E a esse cliente deve ser dispensados toda a consideração e todo o respeito, principalmente, o respeito aos direitos básicos do consumidor elencados no artigo 6º da Lei 8.078/1990 – Código de Defesa do Consumidor – que têm de ser rigorosamente observados pelos fornecedores. Dentre esses direitos, destaco o da proteção contratual e o da proteção contra a publicidade enganosa, ambos abarcados pelo inciso IV, do artigo 6º, da norma maior consumerista.

Da mesma forma, o Código Civil Brasileiro determina a elaboração contratual nos limites da função social do contrato, além de obrigar os contratantes a guardarem os princípios da probidade e da boa-fé nas fases pré-contratual, contratual e pós-contratual.

Mas, poderíamos perguntar-nos onde estão a probidade e a boa-fé de alguns fornecedores? Pois sabemos da condição legal estatuída da vulnerabilidade e da hipossuficiência do consumidor, que carrega consigo a presunção de boa-fé, e não obstante, são lesados por parte de fornecedores que os lesam sem piedade, diariamente, auferindo lucros cada vez maiores.

Ocorre, repetidas vezes, a lesão ao consumidor nos pormenores de um contrato que não lhe foi esclarecido de forma adequada, clara e precisa, seja de forma expressa, seja por telefone, seja pela internet ou no balcão de um estabelecimento comercial.

Todo contrato celebrado entre o consumidor e o fornecedor de produtos ou serviços, independentemente de sua forma, é um negócio jurídico, nos termos do Código Civil Brasileiro.

Como tal, está sujeito a um dos defeitos previstos na lei e, dentre esses, está a lesão. Pelo conceito disposto no Código Civil Brasileiro (Lei nº 10.406, de 10 de janeiro de 2002), "ocorre a lesão quando uma pessoa, sob premente necessidade, ou por inexperiência, se obriga a prestação manifestamente desproporcional ao valor da prestação oposta". (BRASIL, Código Civil, 2002, art. 157)

Uma vez caracterizada a lesão, o negócio será anulado. Todavia, é neste momento que começam os problemas, senão vejamos: a decretação da lesão, em geral, é competência do Poder Judiciário. Para tanto, o consumidor lesado tem de acionar a proteção estatal, seja por meio dos órgãos administrativos, como os Órgãos de Defesa do Consumidor (PROCONs), por exemplo, seja pelo acionamento direto do Poder Judiciário, com a propositura da ação judicial adequada.

Será que o nosso consumidor tem informação suficiente, tempo e disposição para tomar todas essas providências? Ou o "deixa pra lá", o "não vale a pena", o "não compensa" e o "demora demais" prevalecem? Pela experiência advinda de anos de atuação na área, observamos que os consumidores, geralmente, desistem da batalha.

Outras vezes os consumidores não percebem as lesões e, quando descobrem, nada fazem. Preguiça? Desesperança? Indiferença? Não sabemos. Só temos a certeza de que as empresas sabem desse comportamento inerte do consumidor e aproveitam-se disso para lesarem-no e enriquecerem-se, cada vez mais, à custa do consumidor inconsciente de seus direitos, avesso à cidadania, que significa, em última instância, conhecer o seu direito e exercê-lo a que custas for.

2. CASOS CONCRETOS

A lesão passou, dado o contexto apresentado anteriormente, a ser uma questão mais contábil que jurídica. Lesar passou a ser um grande negócio. Poucos reclamam devidamente e o lucro sempre será maior do que as indenizações porventura arbitradas pelo Poder Judiciário.

Citamos abaixo alguns exemplos:

a) A empresa X lesa os seus 20 milhões de clientes, por mês, com a cobrança de R$3,80 (três reais e oitenta centavos) na fatura por um serviço que o consumidor não solicitou. Se 10% dos consumidores (2 milhões de usuários) reclamarem judicialmente dessa lesão, o valor a ser devolvido a cada consumidor será de R$3,80, acrescidos de correção monetária, e mais um valor indenizatório por dano moral, se houver, de R$10.000,00 (dez mil reais) em média. Isso, se o consumidor reclamar logo no primeiro mês da cobrança indevida. Com certeza esse valor já está contabilizado nas despesas da empresa e sempre será menor do que o valor auferido com resultado da lesão a todos os seus clientes-consumidores que não reclamaram.

   Esse tipo de lesão ocorre principalmente nos setores de telecomunicações (telefonia fixa e móvel, internet e TV por Assinatura), no setor bancário e de cartão de crédito e no setor de planos de saúde. Esses setores estão dentre os mais demandados nos Procons de todo o país, sendo o maior problema a cobrança indevida. Aqueles consumidores que percebem a cobrança indevida tentam solução com a empresa. Se conseguem, bem: se não, alguns procuram os órgãos de defesa do consumidor. Se nos Procons obtêm êxito, que bom; se não, alguns últimos ainda tentam a solução do caso junto ao Poder Judiciário. Resumo das ópera: quantos são os consumidores que peregrinam por todas as instâncias administrativas e judiciárias na busca da correção da cobrança indevida? Uma minoria e, para essa minoria, quando vitoriosa, já há uma reserva contábil no lucro da empresa para o ressarcimento (um percentual mínimo do lucro). Conclui-se, pois, que lesar ainda compensa

b) O famoso "leve 3 e pague 2": quem já procurou saber quanto custa a unidade do produto fora da embalagem promocional? Não se espante ao descobrir que a unidade do produto ao ser multiplicada por três resultará em um valor menor que o da promoção "leve 3 pague 2".

c) Há também os casos das latas de cerveja, de azeite e as garrafas de refrigerante que trazem a informação *15% grátis ou pague por 2 litros e leve 250 mililitros grátis*? Você já conferiu quanto custa o mililitro da unidade do produto e multiplicou para saber se a promoção de fato compensa?

d) Quantas vezes o "caixa" do supermercado ou da padaria não têm o troco de R$0,02 centavos (dois centavos) ou R$0,03 (três centavos) e deixamos por isso mesmo? Antes alguns, até por educação, perguntavam-nos se podiam ficar nos devendo aquele troco. Hoje nem perguntam mais. Aliás, nem olham para nós. Simplesmente não devolvem o troco, por acharem-no insignificante. E, se cobramos, somos os "chatos", os "encrenquinhas". Cometem prática abusiva às claras, sem o menor constrangimento. E, nós, o que fazemos? Nada. Não nos esqueçamos que "de grão em grão a galinha enche o papo" e que de dois em dois centavos o empresário enche o cofre, aumentando assim o lucro, a ponto de alguns conseguirem pagar até o salário de muitos funcionários.

e) E as famosas balinhas de troco? Quem já não recebeu algumas dessas em lugar do troco? *Antigamente eram as tradicionais "balas Chita". Hoje são as de menta e as de cereja. Hummm! Tão gostosas*. Gostosas para o bolso do fornecedor. Para nós, consumidores, um desrespeito. Será que o valor de custo da balinha, de fato, é igual ao valor do troco que deixou de ser dado? Será que a mesma balinha, que serviu de troco para o fornecedor, servirá de dinheiro para que o consumidor as utilize em uma nova compra naquele estabelecimento comercial? Acredito que não. Como aqui não vale a regra dos "dois pesos, uma medida", estamos diante de mais uma lesão. Pequena, pode ser, mas, significativa no montante.

E, ao conferir essas situações e muitas outras mais, verificamos que o consumidor que não tem tempo ou curiosidade acaba caindo no "conto do vigário", levando "gato por lebre", ou seja, é induzido ao erro a respeito da natureza, características, qualidade, quantidade e preço do produto. Resultado de tudo isso: pequenas lesões, grandes negócios, para não dizer que o "crime compensa". E o crime praticado pelo fornecedor é o de fazer ou de promover publicidade que sabe, ou deveria saber, ser enganosa ou abusiva. E indagamos: qual consumidor já foi a uma Delegacia de Polícia fazer uma queixa sobre o crime acima exposto? Quem trabalha na área, pode contar nos dedos das mãos as respostas afirmativas.

A pena prevista é a de detenção de três meses a um ano e multa, conforme disposto no artigo 67, do Código de Defesa do Consumidor.

Percebemos, claramente, que estamos diante de situações reais de lesão ao consumidor, porém muito bem camufladas. O consumidor tem de estar atento e que exercer efetivamente o seu direito diante do prejuízo. O Código de Defesa do Consumidor garante o direito à efetiva prevenção e reparação de danos patrimoniais e morais, individuais, coletivos e difusos (artigo 6º, VI do Código de Defesa do Consumidor), além da proteção contra as práticas abusivas (artigo 6º, IV do Código de Defesa do Consumidor).

Essas práticas abusivas são ações e/ou condutas que, uma vez existentes, caracterizam-se como ilícitas, independentemente de se encontrar ou não algum consumidor lesado ou que se sinta lesado. São ilícitas em si, apenas por existirem na relação de consumo.

O artigo 39, do Código de Defesa do Consumidor, assim como os artigos 12 e 13 do Decreto Federal 2.181/1997, exemplificam algumas práticas abusivas, as quais são vedadas ao fornecedor.

E a prática abusiva que mais se enquadra nos exemplos de lesão, anteriormente citados, é a que está no inciso V, do artigo 39, que postula: "**exigir do consumidor vantagem manifestamente excessiva**". (BRASIL, Decreto 2.181, art. 39, 1997). Grifo nosso.

3. ATUAÇÃO DO PODER PÚBLICO

Contra a prática abusiva há a ação dos órgãos públicos – PROCONs ou Ministério Público – por exemplo, e a ação do órgão judiciário. O artigo 56, do Código de Defesa do Consumidor, praticamente repetido no art.18, do Decreto Federal 2.181/1997, elenca quais são as sanções administrativas que podem ser aplicadas ao fornecedor que comete uma prática abusiva.

Dentre as sanções administrativas previstas na lei, está a multa, que pode variar de duzentas UFIRs (Unidade Fiscal de Referência) a três milhões de UFIRs. A valores de hoje, essa multa varia de R$427,00 (quatrocentos e vinte e sete reais) a R$6.850.000,00 (seis milhões, oitocentos e cinquenta mil reais), conforme a extensão da lesão.

Outra atuação administrativa é a celebração do Termo de Ajustamento de Conduta (TAC), a ser assinado pelo Poder Público (PROCON ou Ministério Público) e pelo Fornecedor, que comete a prática abusiva, com o compromisso de não mais a cometer, sob pena de submeter-se também a sanções de natureza civil e penal.

A ação para reparação do dano causado pela prática abusiva ou pela publicidade enganosa deve ser impetrada na Justiça, individualmente ou coletivamente, pelos órgãos elencados no artigo 81, da Lei 8.078/1990.

Mas, como já foi dito, de nada adianta existir o direito, até mesmo conhecer do direito, se o cidadão não o exerce. E é nessa inércia do consumidor que o fornecedor aposta suas fichas e contabiliza-as, com vistas ao enriquecimento ilícito, camuflado, nefasto e extremamente prejudicial ao consumidor.

CONSIDERAÇÕES FINAIS

E, agora, o que nos resta fazer, na condição de consumidores hipossuficientes e vulneráveis, diante dessa situação, que parece não ter fim? Acreditamos nos órgãos públicos e nas entidades privadas de defesa do consumidor e na ação do cidadão consciente. Consciente dos seus direitos e consciente de que está sendo lesado, de forma individual ou coletiva. E esses órgãos e entidades, criados para a execução da Política Nacional das Relações de Consumo, lutarão para proteger efetivamente o consumidor, respeitando a sua dignidade e protegendo os seus interesses econômicos.

As gigantescas manifestações populares pacíficas, ocorridas em junho/julho de 2013, mostram-nos que o Brasil vive um momento raro de transformação social, sobressaindo-se a indignação em relação aos tributos e aos serviços públicos essenciais, seja pela má qualidade na prestação, seja pelo alto preço ou pela corrupção.

Aproveitemos esse momento inédito e democrático para de fato implantarmos o Plano Nacional de Defesa do Consumidor (PLANDEC), anunciado pela Presidenta da República, Dilma Rousseff, em março de 2013, Decreto Federal 7.963/2013, artigo 2º, de cujas diretrizes podemos destacar a prevenção e a repressão de condutas que violem direitos do consumidor.

Que de fato sejam aplicados aos maus fornecedores os rigores da lei, corrigindo a má conduta daqueles que insistem em lesar e manter a lesão.

O Código de Defesa do Consumidor, lei de ordem pública e de interesse social, é a presença maior do Estado para manter saudável e equilibrado o mercado de consumo. E o consumidor conta com esse Estado para defender e proteger os seus direitos, elencados na "Constituição Cidadã" como direitos e garantias fundamentais.

Que a lesão, pequena ou grande, habitual ou eventual, seja extirpada do convívio mercadológico, garantindo assim, sempre, a probidade e a boá-fé entre os contratantes.

O lucro é justo, mas deve ser digno: tese antiga no mercado, mas não muito aplicada. É chegada a hora das empresas efetivamente mostrarem-se como agentes do bem, além de vender produtos e serviços. Atuar com responsabilidade social, tendo como norte um dos princípios constitucionais da ordem econômica brasileira, que é a defesa do consumidor, estampado no artigo 170, da Constituição Federal, mas esquecido pelo tempo.

REFERÊNCIAS BIBLIOGRÁFICAS

BRASIL. **Lei 8.078, de 11 de setembro de 1990**. Código de Defesa do Consumidor. Dispõe sobre a proteção do consumidor e dá outras providências. Brasília, DF: Senado, 1990.

BRASIL. **Decreto Federal 2.181, de 20 de março de 1997**. Dispõe sobre a organização do Sistema Nacional de Defesa do Consumidor – SNDC, estabelece as normas gerais de aplicação das sanções administrativas previstas na Lei nº 8.078, de 11 de setembro de 1990, revoga o Decreto nº 861, de 9 de julho de 1993, e dá outras providências. Brasília, DF: Senado, 1997.

BRASIL. **Lei 10.406, de 10 de janeiro de 2002**. Novo Código Civil Brasileiro. Institui o Código Civil. Brasília, DF: Senado, 2002.

BRASIL. Constituição (1988). **Constituição da República Federativa do Brasil.** Brasília, DF: Senado, 1988.

BIBLIOGRAFIA SUGERIDA

MEIER, Roberto; MEIER, Jacques. **A era do diálogo:** reflexões, ideias e propostas para a evolução das relações de consumo no Brasil. São Paulo: Padrão Editorial, 2013.

DESSAUNE, Marcos. **Desvio produtivo do consumidor:** o prejuízo do tempo desperdiçado. São Paulo: Editora Revista dos Tribunais, 2011.

PEQUENAS CAUSAS? O PRINCÍPIO DO "JUS POSTULANDI" NOS CONFLITOS CONSUMERISTAS

Paulo de Tarso Mariano[1]

1. O PRINCÍPIO DO "JUS POSTULANDI"

O Princípio do *"Jus Postulandi"* se traduz na possibilidade das partes postularem os seus direitos ao Poder Judiciário sem a assistência de um advogado, *"jus sine advocatus postulandi"*.

Na Justiça Comum, no âmbito dos Juizados Especiais Cíveis, que apreciam e julga a maioria das demandas advindas das relações consumeristas, este Princípio encontra-se preceituado no artigo 9º da Lei 9.099/99 que estabelece:

> "Nas causas de valor até vinte salários mínimos, as partes comparecerão pessoalmente podendo ser assistidas por advogado, nas de valor superior, a assistência é obrigatória".

Contudo, o artigo 133 da Constituição da República de 05.10.1988, estabelece que:

> "O advogado é indispensável à administração da Justiça, sendo inviolável por seus atos e manifestações no exercício da profissão, nos limites da lei".

Certo é que os referidos diplomas legais em contraposição com a realidade vivida por cidadãos que, não obstante postulam seus direitos

---

1 Advogado, Especialista em Direito do Trabalho e Previdenciário, Membro da Comissão de Defesa do Consumidor da Ordem dos Advogados do Brasil – Seção Minas Gerais.

sem a assistência de um advogado nos conflitos consumeristas, não conseguem ter a efetividade da prestação jurisdicional.

Cabem ainda, verificar o lapso temporal necessário para a prestação jurisdicional pretendida e mesmo, a qualidade e efetividade do julgado.

Além disso, é equivocado e injusto, entender que os conflitos consumeristas são "pequenas causas" e não devem merecer a devida importância e não fazem jus à completa prestação jurisdicional.

Não temos a pretensão de esgotar o assunto e nem tão pouco achar para ele uma solução. Pretendemos, pois, incitar o questionamento, a reflexão e principalmente o olhar crítico sobre o tema, vez que a Justiça Comum é o ramo do Judiciário que mais aproxima o jurisdicionado do Direito, e o que se tem a maior expectativa de trazer melhores resultados de prestação jurisdicional.

Não existem "pequenas causas", todas são importantes e merecedoras de uma prestação jurisdicional de qualidade e a contento. Todavia, a hipossuficiência do consumidor e demandante, seja pela fragilidade econômica e psicológica em contraponto a todo um aparato jurídico patrocinado por grandes grupos econômicos, sejam bancos ou mesmo, grandes empresas varejistas, torna o consumidor presa fácil de péssimos acordos.

Entendemos que o Direito, as leis e as normas devem estar comprometidos a serviço da Justiça.

O princípio do *jus postulandi* consagra a ideia de simplicidade do processo no âmbito dos juizados especiais, inerente à natureza e aos fins deste, garantindo às partes a possibilidade de postularem e se defenderem pessoalmente, sem a assistência de um advogado.

Com o Estatuto da Ordem dos Advogados do Brasil, interpretou-se o advogado ser "indispensável à administração da Justiça", contudo, prevalece o entendimento da validade do art.9º da Lei 9.099/95.

Com o advento da Constituição da República de 1988, a matéria foi novamente suscitada, vez que o artigo 133 da Carta, preceitua a indispensabilidade do advogado, ou seja, o advogado é imprescindível, inafastável, inarredável, inseparável, inapartável e irrevogável à administração da Justiça. Sendo que a falta de observância desse dispositivo, implicaria em exercício irregular de profissão, em flagrante violação do art.5º XIII da Constituição Federal:

"É livre o exercício de qualquer trabalho, ofício ou profissão, atendidos as qualificações profissionais que a lei estabelecer".

A Constituição da República reconheceu que a plenitude da prestação jurisdicional não se efetiva sem a presença do profissional do direito, pois não há garantia do contraditório – sem a participação do advogado, ou melhor, pois sendo o contraditório – uma garantia constitucional de direito material – não se efetiva sem defesa técnica.

A participação obrigatória de um advogado seria uma conexão dos artigos 5º, LV e 133 da Constituição da República, não meramente uma defesa corporativa de uma classe, mas medida salutar a garantir o contraditório.

O princípio do *"Jus Postulandi"*, criado como um instrumento legal destinado a permitir o acesso das partes ao Poder Judiciário em busca de seus direitos não tem o condão de garantir a efetividade da prestação jurisdicional, vez que cria alguns problemas e entraves.

Mesmo considerando, que maioria das demandas consumeristas equivalem a valores inferiores a 20 (vinte) salários mínimos, não se pode tratar como "pequenas causas" vez que, não se devem atrelar a importância da referida causa apenas ao seu valor econômico.

Quais seriam os problemas e entraves causados pelo Princípio do *"Jus Postulandi"* na solução de conflitos consumeristas e suas implicações na efetividade da prestação jurisdicional?

Se o princípio do *"Jus Postulandi"* coloca se como um instrumento a tornar acessível e efetivo a proteção que a lei dispensa ao consumidor, não consistindo em irregularidade ou vício, o fato de o demandante estar desacompanhado de advogado, é implacável, no sentido de que o requerente deve arcar com o ônus da opção de não estar acompanhado de procurador, não cabendo alegar desconhecimento das leis por ser leigo, ficando muitas vezes, psicologicamente fragilizado, acuado e indefeso.

Antagonicamente, o fornecedor ampara-se em um arsenal jurídico capitaneado por um advogado.

Assim, no âmbito da demanda consumerista, patente o desequilíbrio escancarado das partes, e o Juízo depara-se com um dos seus maiores desafios, "Fazer Justiça".

Na prática, tal situação enseja o comprometimento da indispensável imparcialidade do Juiz diante da quebra do Princípio da paridade entre as partes, vez que, o magistrado como aplicador da lei não tem a função de advogar para o consumidor, mas a interpretar as leis em seu benefício, desde que da análise do caso concreto e não da condição das partes.

O magistrado assoberbado de processos e no ritmo frenético de audiências, ganhar um novo encargo, patrocinar o requerente sem advogado.

Certo é que o demandante e consumidor despojado de uma cultura jurídica e processualista, e dotado de uma fragilidade econômica e psicológica, torna-se facilmente vulnerável ao embate com o seu fornecedor acompanhado de um patrono.

Muitas vezes, o consumidor sem advogado, em audiência, seja de tentativa de conciliação ou de instrução e julgamento, se sente intimado até pelo conciliador ou próprio Juiz, vez que está diante de uma autoridade legalmente constituída e com poder para decidir seu futuro.

Daí resulta a opção do acordo, vez que se na fase de conhecimento, as dificuldades para o consumidor são grandes; nas fases de instrução e execução, diante da sua complexidade, os desafios são quase intransponíveis.

Além disso, deve-se ainda pontuar, que muitos processos confeccionados pelo setor de atermação, elaborados por acadêmicos de direito (um aprendiz em processo de formação), não consiste em um trabalho técnico e profissional, o que acarreta ao julgador, restrito aos limites da lide, prolatar sentenças com condenações em valores ínfimos, que não tem o condão de imprimir um caráter pedagógico ao réu e inibidor das práticas condenáveis.

Para uma apurada reflexão sobre a validade da norma processual vigente em contraponto à realidade, faz-se necessária trilhar o percurso do consumidor sem advogado e seus percalços. E, noutro momento, as consequências da sua *"Via Crucis"*.

2. "*VIA CRUCIS*" DO CONSUMIDOR

O consumidor procura o setor de atermação, e relata sob a sua visão, os acontecimentos, sendo agendada para data posterior, trazer alguns documentos, às vezes documentos desnecessários, às vezes, faltam documentos indispensáveis ao êxito da demanda. O atermador do Juizado Especial Cível, por mais que tenha acuidade e se esforce não conseguirá no tempo determinado, vez que tem outros atendimentos a serem feitos, captar todas as situações que ensejam algum direito. Muitas vezes, ainda, o próprio demandante é prolixo e torna o ambiente mais parecido com uma delegacia, ou até mesmo, um consultório psicológico, vez que está ressentido pela decepção com o produto ou serviço, irritado e indignado com o fornecedor, isto acarreta a falta de objetividade e a fluição da essência do que se realmente interessa relatar.

O termo que representa os fatos e pedidos do consumidor pela atermação, peça chave e essencial, que impõe os limites da lide, que restringe a atuação da prestação jurisdicional, muitas vezes, já chega viciado ou incompleto.

Na audiência de tentativa de conciliação, realizada por um acadêmico de direito, a diferença abissal entre o consumidor/autor sem assistência de um *causídico* e o fornecedor fica patente, propiciando a celebração de péssimos acordos para o consumidor.

Na audiência de instrução e julgamento, a desorientação do consumidor é completa, seja no seu depoimento pessoal ou mesmo, na ausência e qualidade da prova testemunhal que se pretende produzir.

No caso de pseudo-sucesso em sua pretensão, o consumidor conta com a iniciativa do Juízo, para ter satisfeita a obrigação condenatória. Sendo que muitas vezes, ocorrem vários incidentes neste caminho, sem que o demandante dê uma resposta rápida, a fim de garantir a efetividade do cumprimento da sentença, com isto, muitas vezes, os processos se avolumam sem que o credor forneça meios para o prosseguimento do feito, e mais ainda, a sua frustração na expectativa de receber a efetiva e completa prestação jurisdicional.

Os que se rendem às dificuldades desistem. Os mais perspicazes constituem um advogado, e aí, o profissional do direito assume um processo em andamento, em que podem existir vários erros, sem ter um conhecimento mais apurado do caso, vez que não foi o autor da petição inicial e não participou do caso desde o seu início.

Pior, ainda, quando o requerente é vencido em sua demanda, pois não tem o conhecimento necessário para interpor o recurso apropriado, muitas vezes, ocorre a preclusão e quando busca um socorro jurídico através de um advogado, decaiu o seu direito, permitindo o trânsito em julgado da decisão que lhe foi desfavorável.

Assim, encerra a *"via crucis"* de um cidadão e consumidor sem à assistência de advogado.

Torna-se, portanto, inegável a supremacia do poder econômico, pois neste momento, prevalece o fator econômico, que permite ao fornecedor constituir bons profissionais do direito e que no exercício do seu ofício subverte todos os fatos e o valor do trabalho, prevalecendo sua tese ou mitigando os efeitos de uma possível condenação ou mesmo, propiciando a celebração de um acordo, extremamente lesivo ao consumidor, que muitas vezes está desassistido e iludido com uma falsa percepção de que é melhor fazer o acordo ou "entrar na Justiça" sem ter que pagar advogado.

Não sabe ele, que mais sábio seria ter a assistência de um profissional do direito e arcar com os seus mais do que merecidos, honorários, e tê-lo, empenhando não só na condenação do fornecedor, mas como salvaguarda, dos seus direitos, podendo ser alcançados até mesmo por um bom acordo.

Atenção destacada merece, em razão do tema abordado, mais uma vez a figura do magistrado, que mesmo zeloso em seu encargo, mas pela contingência natural do acúmulo de trabalho e limitações que lhe são impostas, não tem como impedir a ocorrência de acordos lesivos ao consumidor.

Enfim, deve ser registrado, ainda que na Justiça Comum, em sede dos Juizados Especiais Cíveis, têm sido celebrados acordos benéficos aos demandantes, mesmo àqueles desassistidos de advogado, mas com certeza, resultado de um grande esforço e capacidade da equidade do Juiz.

Portanto, observa-se que há instrumentos legais que autorizam a realização do *"Jus Postulandi"*, todavia, é de se merecer essas reflexões e outras que daqui possam surgir.

Cabe ainda registrar que recentemente foi declarada constitucional a lei que dispensa a atuação de advogados nos Juizados Especiais, o que reforça o instituto do *"jus postulandi"* em outro ramo do Direito, ou seja, nas causas de competência dos Juizados Especiais Cíveis da Justiça Federal, as partes poderão atuar sem a constituição de advogados. Essa foi decisão dos ministros do Supremo Tribunal Federal (STF) que, ao julgarem a Ação Direta de Inconstitucionalidade (ADI) 3168, consideraram constitucional o artigo 10 da Lei Federal 10.259/01, norma que criou os Juizados Especiais Cíveis e Criminais no âmbito da Justiça Federal. A ação foi ajuizada, com pedido de liminar, pelo Conselho Federal da Ordem dos Advogados do Brasil (OAB).

Conforme a ADI, o dispositivo questionado possibilita a faculdade de que a pessoa postule seus direitos pessoalmente ou por meio de representante, seja advogado ou não, em matérias que tramitam nos Juizados Especiais Federais. O Conselho assevera que o artigo 133 da Constituição Federal preceitua a indispensabilidade do advogado, ao dispor que "o advogado é indispensável à administração da justiça, sendo inviolável por seus atos e manifestações no exercício da profissão, nos limites da lei".

O Ministro relator, Joaquim Barbosa, aduziu que a Lei 10.259/01 tem a finalidade de ampliar o acesso à justiça e agilizar a prestação jurisdicional no país conforme o que foi estabelecido pela Lei 9.099/95 prestigiando, dentre outros princípios, a oralidade, a publicidade, a simplicidade e a economia processual. Ressaltou ainda que o caput do artigo 10 se encontra entre os dispositivos que tratam dos Juizados Especiais Federais Cíveis, isto é, "o artigo está relacionado ao prisma da necessidade ou dispensabilidade do advogado em causas cíveis".

Além disso, em outros julgados, ao apreciar a medida cautelar na ADI 1127 (ajuizada contra artigos do Estatuto da OAB) entendeu, por unanimidade, que não se aplica aos Juizados de Pequenas Causas, à Justiça do Trabalho e à Justiça de Paz, dispositivos que determinavam serem privativas do advogado as postulações perante os Juizados Especiais – " Entendo que a faculdade conferida aos litigantes de constituir ou não um advogado para representá-los, em juízo, nas causas de competência dos Juizados Especiais Federais Cíveis, não ofende a Constituição de 1988, seja porque se trata de exceção à regra da indispensabilidade – reconhecida em lei - , seja porque tal dispositivo tem por finalidade efetivamente ampliar o acesso à justiça, concluiu Joaquim Barbosa.

Merece destaque a análise sobre a questão referente aos Juizados Especiais Criminais, sendo que o ministro relator entendeu que o dispositivo contestado (artigo 10) não se destina a regulamentar os processos criminais. "Nessas causas, em homenagem ao princípio da ampla defesa, é imperativo que o réu compareça ao processo devidamente acompanhado de profissional habilitado a oferecer-lhe defesa técnica de qualidade", afirmou Barbosa, lembrando que o artigo 3º da Lei 9.099 determina expressamente a obrigatoriedade da presença do advogado nos processos criminais de competência dos Juizados Especiais.

Cabe comentar que entendemos que em qualquer demanda é salutar e imperioso a presença de um profissional habilitado prestando uma assistência técnica de qualidade.

Os ministros Carlos Ayres Brito, Celso de Mello e Sepúlveda Pertence divergiram do relator, aduzindo que os advogados podem intervir a pedido da parte interessada, mas sem praticar atos postulatórios.

Assim por maioria dos votos, O Tribunal afastou a inconstitucionalidade do artigo 10 da Lei 10.259/01 "desde que excluídos os feitos criminais, respeitado o teto estabelecido no artigo 3o e sem prejuízo da aplicação subsidiária integral dos parágrafos do artigo 9º da Lei 9.099. Vencidos, parcialmente, os ministros Carlos Ayres Brito, Celso de Mello e Sepúlveda Pertence que especificaram, ainda, que representante não poderia exercer atos postulatórios".

CONCLUSÃO

Afirmar que o Estado Brasileiro permanece ainda, em alguns aspectos, sob a égide e resquícios de um modelo estatal totalitário, patrimonialista, paradigma de um Estado dominador, voraz em arrecadar tributos, mas incapaz de imprimir satisfatoriamente políticas de incremento e incentivo à cidadania, ineficiente em promover um "Estado do Bem Estar Social", não é nenhuma novidade.

O Princípio do *"Jus Postulandi"* criado com o escopo de propiciar aos cidadãos buscar seus direitos junto ao Poder Judiciário, sem a assistência de um advogado – *"Jus sine advocatus postulandi"* não obstante o interesse público que o envolve, enseja atualmente uma grande reflexão sobre sua aplicabilidade, por parte da comunidade jurídica em geral, visto que não atende à efetividade do processo e não faz jus à celeridade processual atualmente perseguida em nosso País.

Coloca o jurisdicionado em situação de inferioridade perante as demais partes na lide, vez que o torna vulnerável à parte acompanhada de advogado, portanto, atualmente, traduz-se em uma das mais graves rupturas do regime constitucional, por violar princípios do Estado Democrático de Direito, o contraditório e a proteção dos direitos e garantias fundamentais, aí incluído o princípio da imparcialidade do Juiz e igualdade das partes.

Dessa forma, têm surgido propostas para reverter tal impacto negativo, por exemplo, que sugerem um melhor aparelhamento da Justiça Comum no âmbito dos Juizados Especiais Cíveis, com a atuação de advogados dativos ou de defensores públicos.

Ressalte-se que a Constituição da República promulgada em 05.10.1988, preceitua a devida valorização das funções essenciais à Justiça, dentre elas, a Defensoria Pública.

Certo é que os representantes dos governos no Brasil legislam em causa própria, concomitantemente não se submetem às leis, criando uma série de distorções políticas, institucionais e econômicas. Tal conduta favorece a corrupção, desencoraja novos investimentos e estabelece uma insegurança jurídica; já que este Estado, tendo o monopólio da coerção, tem aumentado o seu grau de liberdade para alterar unilateralmente os termos de um contrato, conseguinte, é imperioso se ter uma proteção ao cidadão assegurada por um Poder Judiciário independente. No caso do *"Jus postulandi",* o princípio tem sido desvirtuado em prol dos poderosos e mais abastados, ficando o consumidor vulnerável ao poder do capital e na falsa percepção de tratar-se de "pequenas causas".

Não pode os operadores do Direito, ao seu turno, transigir com nenhuma de suas normas ou princípios constitucionais instituídos para fazer Justiça, pois governos e crises são efêmeros, mas a edificação do País para gerações futuras, nos moldes do Estado Democrático de Direito, tende a uma evolução, e não a um retrocesso.

Por outro lado, não se pode admitir que por um desvirtuamento e interesses escusos e inconfessáveis, um princípio que foi concebido para propiciar um melhor acesso das partes ao Poder Judiciário, sem advogado, seja um poderoso ardil, que permite a dilapidação do patrimônio do cidadão, os seus direitos.

Portanto, o princípio do *"Jus Postulandi"* não atende mais às exigências e aspirações de uma nação que se pretende constituída em Estado de Direito, pugnando por mudanças radicais, abolindo privilégios e a exploração do homem.

É incompatível um verdadeiro processo de humanização permeado por privilégios e injustiças.

Nós, juristas, temos que ter em mente que a Constituição, bem como as Leis Ordinárias, não é um emaranhado de letras miúdas inexequíveis, ou textos recheados de boas intenções. Esses dispositivos jurídicos trazem em si o condão de exigibilidade de conduta que deve ser executada na forma da lei e no atendimento às demandas da sociedade.

Apesar da ausência de consenso no mundo jurídico, neste particular, ainda assim, há esperança, uma vez que, de tempos em tempos, novos ventos sopram em todos os sentidos e em todas as direções, varrendo para longe de nós, juristas, o literalismo exacerbado e a proteção corporativista do Estado, em detrimento do cidadão comum.

Desejamos que a conquista desses valores supremos não se efetivem pela força, mas pelo respeito às normas constitucionais e infraconstitucionais . Respeitá-las significa, antes de tudo, aplicar a lei, atendendo aos fins sociais a que ela se dirige e às exigências do bem comum.

Por esses ideais, entendemos que se faz necessário desmistificar a letra preta no papel branco. Esta, por si mesma, nada pode fazer. Daí a importância que assume o papel do aplicador da lei, pois é este afinal que vivifica, que corporifica, através de sua interpretação, a lei abstrata e genérica.

REFERÊNCIAS BIBLIOGRÁFICAS

PAIVA, Mário Antônio Lobato de. A Importância do advogado para o Direito, a Justiça e a Sociedade. Rio de Janeiro: Forense , 2000.

BRASIL. **Código de Processo Civil**. Organização dos textos, notas remissivas e índices por Yussef Said Cahali. 6.ed. São Paulo: Editora Revista dos Tribunais, 2004.

BRASIL. Constituição (1988) **Constituição da República Federativa do Brasil**. Brasília: Imprensa Nacional, 1989.

CRETELLA JÚNIOR, José. **Comentários à Constituição 1988**. vol. VI. Rio de Janeiro: Forense Universitária, 1993.

ALVES, MANOEL SANTANA CÂMARA. Armadilha dos *Jus Postulandi*. Synthesis no 12. Jan/Jul 1991 – p.93-95.

FORO COMPETENTE NAS AÇÕES INDIVIDUAIS DE CONSUMO: CONSUMIDOR EUROPEU, PORTUGUÊS E BRASILEIRO

Marlus Keller Riani[1]

1. INTRODUÇÃO

Imperioso salientar que o consumidor, por ser considerado parte vulnerável[2] numa relação jurídica de consumo, mereceu do legislador

---

1 Doutorando em Direito Civil pela Universidade de Coimbra/Portugal. Mestre em Direito Empresarial pela Faculdade Milton Campos. Pós-graduado em Direito dos Contratos e Consumo pela Universidade de Coimbra. Advogado e Membro da Comissão de Defesa do Consumidor da OAB/MG.

2 Resolução do Parlamento Europeu, de 22 de maio de 2012, sobre uma estratégia de reforço dos direitos dos consumidores vulneráveis considera "D. Considerando que o conceito amplamente usado de consumidores vulneráveis se baseia na noção de vulnerabilidade como endógena e visa um **grupo heterogéneo** composto por pessoas consideradas **permanentemente** como tal devido à sua deficiência mental, física ou psicológica, pela sua idade, credulidade ou género; que o conceito de consumidor vulnerável deve também incluir consumidores numa **situação** de vulnerabilidade, ou seja, consumidores que estejam numa situação de impotência temporária resultante de um fosso entre os seus estado e características individuais, por um lado, e o seu ambiente externo, por outro, tendo em consideração critérios como educação, situação social e financeira, acesso à Internet, etc., que todos os consumidores, em alguma fase da sua vida, se podem tornar vulneráveis devido a factores externos e interacções com o mercado ou devido às dificuldades que sentem em aceder e entender informações relevantes e que, por conseguinte, requerem protecção especial,".

fontes normativas[3] que efetivamente possam realizar a defesa dos seus direitos[4].

António Pinto Monteiro[5] destaca que

> "A *revolução industrial,* como se sabe, apoiada em invenções técnicas da maior importância, levou à produção em série, à mecanização do processo produtivo e ao aumento considerável do nível de vida, graças, sobretudo, à descida dos custos de produção. A *revolução comercial,* por sua vez, apoiada em novos métodos de venda, na publicidade, no crédito e no recurso a intermediários, desenvolveu consideravelmente o comércio, modernizou-o e permitiu, assim, que ao progresso da técnica se associasse o engenho dos distribuidores, em ordem ao escoamento dos produtos. Uma e outra – a revolução industrial e a revolução comercial – geram, pois a sociedade dita *de consumo,* uma sociedade de *abundância* que, por isso mesmo, teve de desenvolver mecanismos destinados a incrementar o *consumo* dos bens que produz.

Todavia, por ser uma legislação especial, para um sujeito de direitos próprios e peculiares, seu campo de aplicação deve ser restrito para aqueles que realmente estão inseridos no conceito de consumidor, sob pena de ser inócua e injustificada a proteção e defesa do vulnerável.

Dita a alínea "g" do artigo 3º da Lei Portuguesa n.º 24/96 (Direitos do Consumidor): *"O consumidor tem direito à protecção jurídica e*

---

3 Em Portugal tem-se a Lei nº 24/96, de 31 de Julho. Trata-se de uma lei-quadro, existindo várias legislações que de alguma forma contemplam a defesa do consumidor. No Brasil editou-se a Lei nº 8.078/90, 11 de Setembro, mais conhecida como Código de Defesa do Consumidor (CDC).

4 MONTEIRO, António Pinto. A protecção do consumidor de serviços públicos essenciais. Estudos de Direito do Consumidor, n. 2, Coimbra: 2000, pág. 334: "tomou-se consciência de que era imperioso proteger a *vítima* da *moderna sociedade,* em face, nomeadamente, das situações de desigualdade que esta potencia, das formas ardilosas de persuasão que inventa, da criação artificial de necessidades e das técnicas de "marketing" e de publicidade que engendra, dos abusos do poder econômico que tolera, da falta de qualidade e de segurança dos bens que oferece e, enfim das múltiplas situações de risco que cria, quantas vezes dramaticamente traduzidas em inúmeros e gravíssimos danos.". E, arrematou: "Tudo isso agravou consideravelmente situações de desequilíbrio, multiplicou situações de risco e diminuiu as *defesas da vítima.*"

5 MONTEIRO, António Pinto. Do Direito do consumo ao código do consumidor. Coimbra: Estudos de Direito do Consumidor, n. º 1, 1999, pág. 207.

a uma justiça acessível e pronta;". O CDC brasileiro enfatiza que o poder público manterá "*assistência jurídica, integral e gratuita, para o consumidor carente."*.

O presente trabalho visa evidenciar como Portugal, o Tribunal de Justiça da União Europeia e o Brasil abordam o conflito de competência da autoridade judiciária nas ações individuais[6] que envolvem num dos polos o consumidor, com ênfase para demonstrar a existência ou não de regra processual mais benéfica para o sujeito de direitos vulnerável.

2. FORO COMPETENTE

Tem-se por regra geral, na maioria dos ordenamentos jurídicos espalhados pelo mundo, que a propositura de uma ação judicial se fará no domicílio da parte ré, sendo este o foro competente para dirimir as lides forenses. Indaga-se: Este sistema tradicional deve ser aplicado automaticamente para todas as relações jurídicas? Será que esta regra prevalece também quando se está diante de uma relação jurídica de consumo? E, ainda, são para todas as ações de consumo ou há exceções? <Quid iuris?>

Ao Advogado é mister conhecer e usar adequadamente a regra sobre o Tribunal competente que julgará o processo do seu cliente (neste caso o consumidor), sob pena de gerar o conflito de competência, que significa, na lição de Ferreira de Almeida "*quando dois ou mais*

---

6 Em se tratando de ação coletiva inibitória para declarar nulidade de clausulas contratuais gerais o Tribunal de Justiça Europeu, no caso C-43/12, manifestou no seguinte sentido: "A Diretiva 93/13/CEE do Conselho, de 5 de abril de 1993, relativa às cláusulas abusivas nos contratos celebrados com os consumidores, e os princípios da efetividade e da equivalência devem ser interpretados no sentido de que não se opõem a uma regulamentação de um Estado-Membro, como a que está em causa no processo principal, segundo a qual, **em matéria de ações inibitórias intentadas pelas associações de defesa dos consumidores**, por um lado, uma ação dessa natureza deve ser intentada nos tribunais do lugar do estabelecimento ou do domicílio do demandado e, por outro, a decisão de incompetência territorial proferida por um tribunal de primeira instância não é suscetível de recurso." Disponível: http://curia.europa.eu/juris/document/document.jsf?text=%2522normas%2Bimperativas%2522&docid=145247&pageIndex=0&doclang=PT&mode=req&dir=&occ=first&part=1&cid=244490#ctx1

tribunais da mesma ordem jurisdicional se consideram competentes ou incompetentes para conhecer da mesma questão"[7]

Neste item do trabalho, propõe-se apresentar, de forma pontual, como as legislações, portuguesa, da união europeia e brasileira tratam o tema do foro competente para dirimir as demandas judiciais individuais que envolvem como uma das partes o consumidor.

2.1 Portugal

No direito interno português preceitua como regra geral do sistema tradicional o n.º 1, do artigo 80º do Código de Processo Civil que diz: *"1. Em todos os casos não previstos nos artigos anteriores ou em disposições especiais é competente para a acção o tribunal do domicílio do réu"*[8].

Duas situações merecem destaque na redação da regra geral, são elas: (i) *casos não previstos nos artigos anteriores* e (ii) *em disposições especiais.*

Ab initio, cabe suscitar, se há dispositivo legal anterior ao artigo 80º do Código de Processo Civil Português (CPC) que auxilie nas respostas para as seguintes questões: Este sistema tradicional deve ser aplicado automaticamente para todas as relações jurídicas? Será que está regra prevalece também quando se está diante de uma relação jurídica de consumo? E, ainda, são para todas as ações de consumo ou há exceções? <Quid iuris?>

Merecem destaques outros dispositivos anteriores ao artigo 80º do CPC, o primeiro deles previsto no n.º 1, do artigo 71º que determina a propositura de ação no tribunal do domicílio do réu quando o pleito for para: (i) cumprimento de obrigações; (ii) indenização pelo não cumprimento ou pelo cumprimento defeituoso e (iii) resolução do contrato por falta de cumprimento. O segundo que sobressai está contido no nº 2, do mesmo artigo, que aduz: *"2 - Se a ação se destinar a efetivar a responsabilidade civil baseada em facto ilícito ou fundada*

---

7 ALMEIDA, Fernando Manuel Lucas Ferreira de. Direito Processual Civil. Coimbra: Almedina, 2010, pág. 312.

8 Redação de acordo com a Lei n.º 41/2013, de 26 de junho. Miguel Mesquita. Código de Processo Civil. Coimbra: Almedina, 2013 (31ª Edição).

no risco, o tribunal competente é o correspondente ao lugar onde o facto ocorreu.".

Percebe-se pelas regras citadas que a primeira é enfática com relação ao domicílio do réu a ser respeitado como foro competente, mesmo para as ações judiciais envolvendo uma relação de consumo, e na segunda pode ser ou não no domicílio do réu, dependerá "*onde o facto ocorreu*". Porém, afirmar-se que não há regra anterior ao artigo 80º do CPC que possibilita ao consumidor, em qualquer caso, propor ação individual na sua residência habitual.

Tendo em vista que o CPC português remete para outras legislações estabelecerem a competência, analisou-se a Lei n.º 62/2013, de 26 de agosto, que dispõe sobre a Lei de Organização do Sistema Judiciário, a qual não traz no seu contexto qualquer regra específica que beneficie especialmente a defesa do consumidor para propositura de ação individual. No mesmo sentido, ao avaliar a Lei n.º 78/2001 (alterada e atualizada pela Lei n.º 54/2013) que trata da competência do Julgado de Paz[9] também não foi encontrado dispositivo que determine a competência para o domicílio do consumidor[10], igual fato, nada foi encontrado na Lei n.º 63/2011 (Lei da Arbitragem).

Daí, indaga-se: *Será que existe uma disposição especial no direito português que prevê foro competente privilegiado para o consumidor*?

Ousa-se afirmar que a Lei n.º 24/96 (lei-quadro de proteção ao consumidor em Portugal) não dispõe de dispositivo específico que

---

9 Órgão judicial português inspirado na Lei brasileira n. º 9.099/95, que dispõe sobre os Juizados Especiais.

10 A regra da Lei do Julgado de Paz está contida no artigo 12º: "*1 – A ação destinada a exigir o cumprimento de obrigações, a indemnização pelo não cumprimento ou pelo cumprimento defeituoso e a resolução do contrato por falta de cumprimento é proposta, à escolha do credor, no julgado de paz do lugar em que a obrigação devia ser cumprida ou no julgado de paz do domicílio do demandado. 2 — Se a ação se destinar a efetivar a responsabilidade civil baseada em facto ilícito ou fundada no risco, o julgado de paz competente é o correspondente ao lugar onde o facto ocorreu.*" Tal regra a mesma contida no artigo 71, nºs. 1 e 2, do CPC. Além dessa, existe a regra do n.º 1 do artigo 13: *"1 – Em todos os casos não previstos nos artigos anteriores ou em disposições especiais é competente para a ação o julgado de paz do domicílio do demandado.".* (Regra do artigo 80º do CPC).

determine que toda e qualquer ação judicial envolvendo o consumidor o foro competente pode ser da sua residência habitual. Assim, numa apressada conclusão, afirmar-se-ia que deverá ser aplicada a regra geral do sistema tradicional.

Neste contexto, o consumidor português, residente em Coimbra, que adquiriu um produto (vestuário) na cidade de Lisboa e posteriormente verificou que o mesmo continha um vício, em tese, deverá recorrer ao órgão judicial sediado em Lisboa para dirimir sua lide.

Em outro caso hipotético, tem-se o consumidor residente em Coimbra que adquire um produto alimentício na cidade do Porto que lhe causou malefícios à saúde, tendo, inclusive, que ser internado em entidade hospitalar, arcando com as despesas médicas, ambulatoriais, materiais e hotelaria. Qual o foro competente? De acordo com o artigo 71º do Código de Processo Civil, precisamente o n.º 2 diz que: *"Se a ação se destinar a efetivar a responsabilidade civil baseada em facto ilícito ou fundada no risco, o tribunal competente é o correspondente ao lugar onde o facto ocorreu"*. Então, se o consumidor estava em outra cidade que não na sua residência habitual deverá propor ação na localidade onde ocorreu o fato?

Com base em toda narrativa até o presente momento e de acordo com a legislação supra citada a resposta para os dois casos seria afirmativa.

Porém, encontra-se na legislação portuguesa diversos normativos[11] que, além da Lei n.º 24/96, versam sobre o direito do consumidor, razão pela qual, deve-se verificar se há ou não regra própria que dispõe de forma diferente do sistema tradicional.

Para o primeiro caso, deve-se ater ao Decreto-Lei 67/2003[12] (vendas de bens ao consumo), o qual não traz no seu contexto qualquer dispositivo que aborda a questão do foro competente. Para o segundo caso, cabe observar o Decreto-Lei n.º 383/90 (responsabilidade civil

---

11 Alguns exemplos: Lei n. 23/96 – serviços públicos essenciais; Lei n. 67/98 – tratamento de dados pessoais; Decreto-Lei n. 67/98 – higiene dos gêneros alimentícios; Decreto-Lei n. 204/2000 – atividade de animação turística; Decreto-Lei n. 27-C/2000 – serviços mínimos bancários etc.

12 Transpõe para a ordem jurídica portuguesa a Diretiva n.º 1999/44/CE, do Parlamento Europeu e do Conselho, de 25 de Maio.

do produtor), que também não disciplinou regra especial para atribuir a competência do foro na residência habitual do consumidor.

Noutro giro, veja-se o que determina o artigo 28º do Decreto-Lei n.º 446/85, de 25 de Outubro, sobre as cláusulas contratuais gerais, que diz:

> "Para a acção inibitória é competente o tribunal da comarca onde se localiza o centro da actividade principal do demandado ou, não se situando ele em território nacional, o da comarca da sua residência ou sede; se estas se localizarem no estrangeiro, será competente o tribunal do lugar em que as cláusulas contratuais gerais foram propostas ou recomendadas."

Consoante o que foi exposto, entende-se que caberá análise da legislação específica do tema da ação judicial, para avaliar a possibilidade ou não da demanda ser proposta na residência habitual do consumidor, eis que não há uma regra geral que acarrete esse benefício em todos os casos que envolvam uma relação de consumo.

2.2 *Proposta de anteprojeto do Código do Consumidor em Portugal*

Cumpre ressaltar a inexistência em Portugal de uma codificação sistematizada sobre a legislação de consumo. Por meio do Despacho 42/MA/96, de 28 de Maio, da Ministra do Ambiente, foi nomeado o Professor Catedrático da Faculdade de Direito da Universidade de Coimbra, Doutor António Pinto Monteiro como "Presidente da Comissão para a Reforma do Direito do Consumo e do Código do Consumidor", após foram nomeados e empossados outros membros da referida Comissão, sendo que do trabalho realizado culminou uma proposta de codificação sobre a defesa e proteção do consumidor.

Destaca-se alguns artigos do anteprojeto que versam sobre o foro competente:

> "Artigo 14º
>
> (Aplicação no espaço)
>
> 1. Salvo disposição em contrário, às relações abrangidas por este Código que apresentem ligação estreita ao território do Estado português só será aplicável legislação diversa da portuguesa se a mesma se revelar mais vantajosa para o consumidor.

2. Essa ligação estreita existe, designadamente, quando o consumidor tenha residência habitual em território português e aí haja emitido ou recebido uma declaração relevante ou ocorrido o facto que serve de fundamento à acção.

3. O disposto nos números anteriores não prejudica a aplicação dos ins- trumentos normativos internacionais ou comunitários pertinentes, designadamente a Convenção de Roma de 19 de Junho de 1980."

Artigo 534º

(Âmbito)

1. Sem prejuízo da competência atribuída aos julgados de paz, é assegurado o acesso à acção civil, nos termos estabelecidos na presente secção, a todo aquele que pretenda o reconhecimento ou a efectivação dos direitos e interesses consagrados neste Código, assim como a obtenção das providências necessárias a prevenir, corrigir ou fazer cessar práticas lesivas desses direitos e interesses.

2. Aplica-se subsidiariamente o Código de Processo Civil e a legislação complementar pertinente no que se mostre compatível com o preceituado nos artigos seguintes.

3. O disposto nesta secção não obsta ao exercício dos direitos noutras acções, por via de excepção ou de reconvenção.

Artigo 536º

(Competência territorial)

1. O consumidor pode intentar a acção, em alternativa, no tribunal do seu domicílio ou no tribunal que seja competente segundo as regras gerais; porém, apenas pode ser demandado no foro do domicílio.

2. O tribunal que o autor escolha, nos termos da primeira parte do número anterior, dispõe igualmente de competência para julgar os pedidos reconvencionais formulados pelo réu.

3. É de conhecimento oficioso a infracção da regra atributiva de competência ao foro do domicílio do réu.

Artigo 537º

(Competência internacional)

A competência do tribunal do domicílio do consumidor não é afastada quando na conclusão do contrato se hajam utilizado serviços da sociedade da informação, ainda que as mensagens ou anúncios emitidos pelo proponente não se dirigissem especificamente ao território português."

Diferentemente da atual legislação generalista (Lei n.º 24/96) destaca-se para o fato da redação enfatizar que "*O consumidor pode intentar a acção, em alternativa, no tribunal do seu domicílio ou no tribunal que seja competente segundo as regras gerais; porém, apenas pode ser demandado no foro do domicílio.*". Esta regra não existe atualmente e deveria ser implementada no ordenamento jurídico português, aproximando-se do direito da união europeia.

A Comissão elaborou e formalizou a entrega do anteprojeto para a autoridade solicitante, todavia não foi submetido até a presente data para a Assembleia da República, persistindo no ordenamento jurídico português várias legislações que versam sobre o direito do consumidor e seu âmbito de aplicação, muitas vezes, inacessíveis à população de um modo geral, dificultando a tutela dos seus interesses.

2.3 O Direito Europeu

A criação das Comunidades Europeias fez nascer um ramo novo do direito, denominado por alguns como direito comunitário, atualmente sistematizado como direito da união europeia. João Pedro Simões Dias[13] salienta que "*o direito comunitário, independente da legislação dos Estados membros, da mesma forma como cria encargos na esfera dos particulares, também se destina a criar direitos que entram no seu partrimónio jurídico.*". Atualmente, tem-se que o Tribunal de Justiça da União Europeia é competente para julgar os casos controvertidos entre os Estados-Membros, sendo que o tema consumidor, por diversas vezes, foi objeto de análise pela Corte.

Em se tratando de contratos internacionais, no início da Comunidade Europeia, a regra do tribunal competente era o lugar onde havia sido celebrado o contrato, sendo que na Convenção de Roma (1980)

---

13 DIAS, João Pedro Simões. O Direito Comunitário e a sua relação com a ordem jurídica interna. Fedrave. Aveiro: 1995, pág. 356.

ficou consignado que os contratos com os consumidores seriam regulados pela lei do país em que ele tivesse sua residência habitual.

De acordo com Luís Lima Pinheiro *"Entende-se por contratos celebrados por consumidores aqueles que tenham por objecto o fornecimento de bens móveis corpóreos ou de serviços a uma pessoa para uma finalidade que possa considerar-se estranha à sua actividade profissional, bem como os contratos destinados ao financiamento desse fornecimento."*[14]

Mas quem é considerado consumidor contratante pelo Direito da União Europeia?[15]

A antiga Comunidade Econômica Europeia, hoje denominada de União Europeia, trabalhava para uma política de protecção e informação dos consumidores[16], tendo sido ampliado este cenário com a

---

14 PINHEIRO, Luís de Lima. Direito aplicável aos contratos com consumidores. Revista da Ordem dos Advogados de Portugal (ROA), n.º 61 (2001), pág. 160.

15 Atualmente, as premissas sobre o direito do consumidor estão delineadas em alguns artigos do Tratado sobre o Funcionamento da União Europeia, a seguir: "Art. 4.º (...) 2. As competências partilhadas entre a União e os Estados-Membros aplicam-se aos principais domínios a seguir enunciados: a) Mercado interno; (…) f) Defesa dos consumidores;"; "Art. 12. (...) As exigências em matéria de defesa dos consumidores serão tomadas em conta na definição e execução das demais políticas e acções da União." e "Artigo 169.º 1. A fim de promover os interesses dos consumidores e assegurar um elevado nível de defesa destes, a União contribuirá para a protecção da saúde, da segurança e dos interesses económicos dos consumidores, bem como para a promoção do seu direito à informação, à educação e à organização para a defesa dos seus interesses. 2. A União contribuirá para a realização dos objectivos a que se refere o n.º 1 através de: a) Medidas adoptadas em aplicação do artigo 114.o no âmbito da realização do mercado interno; b) Medidas de apoio, complemento e acompanhamento da política seguida pelos Estados-Membros. 3. O Parlamento Europeu e o Conselho, deliberando de acordo com o processo legislativo ordinário e após consulta ao Comité Económico e Social, adoptarão as medidas previstas na alínea b) do n.º 2.4. As medidas adoptadas nos termos do n.º 3 não obstam a que os Estados-Membros mantenham ou introduzam medidas de protecção mais estritas. Essas medidas devem ser compatíveis com os Tratados e serão notificadas à Comissão."

16 Resolução do Conselho, de 14 de Abril de 1975 (Programa Preliminar da Comunidade Econômica Europeia para uma Política de Proteção e de Informação dos Consumidores) JOCE n.º C92, de 25 de abril de 1975. e Resolução do Conselhregrao, de 19 de Maio de 1981 (Segundo Programa da Comunidade Econômica Europeia para uma Política de Proteção e de Informação dos

edição da Resolução do Conselho de 23 de Junho de 1986, reconhecendo a importância da educação e informação dos consumidores para a defesa dos seus interesses, bem como para lhes permitir tirar o máximo proveito da concretização do mercado interno. Visando uma harmonização legislativa foram editas várias Diretivas[17], destaca-se a Diretiva 87/102/CEE[18] (modificada pela 90/88/CE) que trazia em seu bojo o seguinte conceito de consumidor: "a pessoa física que, nas operações reguladas pela presente Directiva, actua com fins que podem considerar-se à margem do seu ofício ou profissão", bem como a Diretiva 93/13/CEE, de 5 de Abril de 1993, sobre as Cláusulas Abusivas nos Contratos Celebrados com os Consumidores que define consumidor como "toda a pessoa física que, nos contratos regulados pela

Consumidores) JOCE n.º C133, de 3 de junho de 1981. Carlos Ferreira de Almeida ensina que "no âmbito da CEE, foi aberta à assinatura em Roma, a partir de 19 de Junho de 1980, a Convenção n.º 80/934 sobre Lei aplicável às obrigações contratuais, que, no art. 5º, preceitua normas de conflitos especiais para os contratos em que uma das partes seja consumidor." Ob. cit, pág. 39. Registre-se que Portugal, por meio da Resolução da Assembleia da Republica n.º3/94, publicada no Diário da República I-Série-A, n.º28, de 03 de Fevereiro de 1994, pág. 520, ratificou a Convenção de Roma. O diploma legal que vigora para os contratos celebrados após de 17 de dezembro de 2009 é o Regulamento (CE) nº 593/2008 do Parlamento Europeu e do Conselho, publicado no JOUE, L 177/6, em 04 de julho de 2008, onde destaca como consumidor a pessoa singular, conforme previsto no artigo 6º: "1. Sem prejuízo do disposto nos artigos 5.o e 7.o, os contratos celebrados por uma pessoa singular, para uma finalidade que possa considerar-se estranha à sua actividade comercial ou profissional («o consumidor»), com outra pessoa que aja no quadro das suas actividades comerciais ou profissionais («o profissional»)...".

17 Exemplos: Directiva 79/112/CEE do Conselho, de 18 de Dezembro de 1978, relativa à aproximação das legislações dos Estados-Membros respeitantes à rotulagem, apresentação e publicidade dos géneros alimentícios destinados ao consumidor final; Directiva 85/374/CEE do Conselho, de 25 de Julho de 1985, relativa à aproximação das disposições legislativas, regulamentares e administrativas dos Estados-Membros em matéria de responsabilidade decorrente dos produtos defeituosos; Directiva 85/577/CEE do Conselho, de 20 de Dezembro de 1985, relativa à protecção dos consumidores no caso de contratos negociados fora dos estabelecimentos comerciais. Disponíveis em http://eur-lex.europa.eu/

18 Relativa à Aproximação das Disposições Legais, Regulamentares e Administrativas dos Estados-Membros em Matéria de Crédito ao Consumo.

presente directiva actue com um propósito alheio à sua actividade profissional."

Na jurisprudência do Tribunal de Justiça da União Europeia deparamos com o processo C-45/96[19], Bayerische Hypotheken- und Wechselbank AG contra Edgard Dietzinger, que traz os seguintes fatos:

> "6 O pai de E. Dietzinger explora uma empresa de construção à qual o banco designadamente concedeu um crédito em conta corrente. Por declaração escrita de 11 de Setembro de 1992, E. Dietzinger tornou-se fiador solidário dos seus pais pelas obrigações destes últimos em relação ao banco, no montante máximo de 100 000 DM.
>
> 7 A celebração do contrato de fiança ocorreu em casa dos pais de E. Dietzinger, tendo-se ali deslocado um empregado do banco após acordo por telefone com a mãe de E. Dietzinger. Este último não foi informado do seu direito de rescisão.
>
> 8 Em Maio de 1993, o banco rescindiu, com efeitos imediatos, todos os créditos que tinha concedido aos pais de E. Dietzinger e cujo montante total era então de mais de 1,6 milhões de DM. Além disso, interpelou E. Dietzinger para o pagamento parcial de 20 000 DM a título da fiança. Este último, nessa altura, mudou de opinião quanto ao seu consentimento alegando que não tinha sido informado do seu direito de rescisão, em violação das disposições do Gesetz über den Widerruf von Haustürgeschäften und ähnlichen Geschäften, de 16 de Janeiro de 1986 (lei relativa à revogação de contratos celebrados porta a porta e de transacções similares, BGBI, 122), que transpõe a Directiva 85/577 para o direito alemão."

Os representantes da Comissão Europeia, na época[20], entenderam pela aplicação da Diretiva n.º 85/577, o que beneficiaria o fiador E. Dietzinger, todavia, esse não foi o entendimento dos demais membros julgadores que assim decidiram:

> "O artigo 2._, primeiro travessão, da Directiva 85/577/CEE, de 20 de Dezembro de 1985, relativa à protecção dos consumidores no caso de contratos negociados fora dos estabelecimentos comerciais, deve ser interpretado no sentido de que um contrato de fiança celebrado por uma pessoa singular que não age no âmbito de

---

19 Disponível em http://curia.europa.eu/juris/liste

20 Representação da Comissão das Comunidades Europeias, por Carmel O'Reilly e Ulrich Wölker, membros do Serviço Jurídico, na qualidade de agentes.

uma actividade profissional está excluído do âmbito de aplicação da directiva quando garante o reembolso de uma dívida contraída por uma outra pessoa que age, ela própria, no âmbito da sua actividade profissional."

A decisão do ano de 2013, referente ao processo C-488/11, Dirk Frederik Asbeek Brusse e Katarina de Man Garabito contra Jahani BV, no pedido de decisão prejudicial feito por Gerechtshof te Amsterdam - Países Baixos, sobre arrendamento para habitação e cláusula penal, evidencia a linha de análise do Tribunal de Justiça da União Europeia, a saber:

> "1) A Diretiva 93/13/CEE do Conselho, de 5 de abril de 1993, relativa às cláusulas abusivas nos contratos celebrados com os consumidores, deve ser interpretada no sentido de que, sem prejuízo das cláusulas decorrentes das disposições legislativas ou regulamentares imperativas previstas pelo direito nacional, o que cabe ao juiz nacional verificar, se aplica a um contrato de arrendamento para habitação, celebrado entre um senhorio que atua no quadro da sua atividade profissional e um arrendatário que atua com fins que não se incluem na sua atividade profissional."

Forçoso concluir que o Tribunal de Justiça da União Europeia não considera a pessoa jurídica como consumidor, mas sim, a pessoa singular que não estiver exercendo um contrato relacionado com sua atividade profissional.

Retornando ao tema do foro competente, entende-se que atualmente na União Europeia, para algumas[21] relações contratuais envolvendo os consumidores, deve-se observar o que disciplina o artigo 16[22] do Regulamento (CE) n.º44/2001 (Bruxelas I) e Regulamento

---

21 Ressalte-se que o próprio Regulamento n.º 44/2001, excetua alguns contratos, por exemplo, o artigo 15º, n.º 3 que diz: "*O disposto na presente secção não se aplica ao contrato de transporte, com excepção do contrato de fornecimento de uma combinação de viagem e alojamento por um preço global.*"

22 "Art. 16º - 1. *O consumidor pode intentar uma acção contra a outra parte no contrato, quer perante os tribunais do Estado-Membro em cujo território estiver domiciliada essa parte, quer perante o tribunal do lugar onde o consumidor tiver domicílio. 2. A outra parte no contrato só pode intentar uma acção contra o consumidor perante os tribunais do Estado-Membro em cujo território estiver domiciliado o consumidor.*"

(CE) n.º 593/2008[23] (Roma I), os quais possibilitam ao consumidor europeu a opção de propor a ação individual no seu domicílio. Ressalte-se que tais normativos somente serão aplicados quando o réu tenha domicílio ou sede num dos Estados-Membros da União Europeia.

O artigo 17º do Bruxelas I permite, com anuência das partes, a derrogação da regra contida no artigo 16º, sendo que o consumidor, por ser considerado o vulnerável nesta relação jurídica, terá que estar plenamente ciente da exoneração dos seus direitos.

Volta-se a colocar duas situações exemplificativas, semelhante como se fez perante o direito interno português, a saber: O consumidor português, residente em Coimbra, que adquiriu um produto (vestuário) na cidade de Barcelona (Espanha) e posteriormente verificou que o mesmo continha um vício poderá recorrer ao órgão judicial situado no seu domicílio para resolução da lide? Outro consumidor residente em Coimbra adquire um produto alimentício na cidade de Barcelona (Espanha) que lhe causou malefícios à saúde, tendo, inclusive, que ser internado em entidade hospitalar, arcando com as despesas médicas, ambulatoriais, materiais e hotelaria, para ele qual seria o foro competente? Aplica-se o direito interno português ou direito da união europeia?

O Regulamento (CE) n.º 593/2008 (Roma I) pontua na parte das considerações as seguintes situações:

> (23) No caso dos contratos celebrados com partes consideradas vulneráveis, é oportuno protegê-las através de normas de conflitos de leis que sejam mais favoráveis aos seus interesses do que as normas gerais.
>
> (24) Mais concretamente, no caso dos contratos celebrados por consumidores, a norma de conflitos de leis deverá permitir reduzir as despesas inerentes à resolução dos litígios, que são frequentemente de reduzido valor, e ter em conta a evolução das técnicas de venda à distância. A coerência com o Regulamento (CE) n.o 44/2001 exige, por um lado, que se faça referência à noção de «actividade dirigida» como condição para a aplicação da regra de protecção do consumidor e, por outro lado, que esta noção seja objecto de uma interpretação harmonizada no Regulamento (CE) n.o 44/2001 e no presente regulamento, tendo presente

[23] Este Regulamento, por força do seu artigo 28º, é aplicado para os contratos celebrados após 17 de dezembro de 2009.

que uma Declaração Conjunta do Conselho e da Comissão sobre o artigo 15.o do Regulamento (CE) n.o 44/2001 afirma que, para que a alínea c) do n.o 1 do artigo 15.o seja aplicável, «não basta que uma empresa dirija as suas actividades para o Estado-Membro onde o consumidor está domiciliado, ou para vários Estados incluindo esse Estado-Membro. É preciso também que tenha sido celebrado um contrato no âmbito dessas actividades». A referida declaração indica igualmente que «o simples facto de um sítio da internet ser acessível não basta para tornar aplicável oartigo 15.o, é preciso também que esse sítio internet convide à celebração de contratos à distância e que tenha efectivamente sido celebrado um contrato à distância por qualquer meio. A este respeito, a língua ou a moeda utilizadas por um sítio internet não constituem elementos relevantes»

(25) Os consumidores deverão estar protegidos pelas disposições do seu país de residência habitual que não são derrogáveis por acordo, na condição de o contrato de consumo ter sido celebrado no quadro das actividades comerciais ou profissionais exercidas pelo profissional no país em questão. A mesma protecção deverá ser garantida no caso de o profissional não exercer as suas actividades comerciais ou profissionais no país em que o consumidor tem a sua residência habitual mas dirigir as suas actividades, por qualquer meio, para esse país ou vários países, incluindo o do consumidor, e o contrato seja celebrado no quadro de tais actividades.

Vale destacar, sobre a competência internacional, a existência de regras contidas nos artigos 59º a 62º, todos do Código de Processo Civil Português, contudo, entende-se que por ser considerado um consumidor europeu, aplica-se a prevalência do Bruxelas I[24], e não o Código de Processo Civil Português.

Na lição de Elsa Dias Oliveira:

"*no que respeita à determinação do foro competente para julgar questões relacionadas com contratos celebrados com consumidores, entendeu-se na Convenção de Bruxelas, na Convenção de Lugano e no Regulamento (CE) n.º 44/2001 que, em determinadas circunstâncias, deveria ser dada especial protecção aos consumidores que se veio a traduzir na possibilidade de só poderem ser demandados nos tribunais do território do país do seu domicílio,*

---

24 O artigo 15º do Regulamento CE n.º44/2001, estabelece os contratos que devem recepcionar de forma prevalente a competência internacional envolvendo o consumidor.

mas de poderem demandar ou igualmente neste tribunal ou no tribunal do país do domicílio da outra parte.".[25]

2.4 Brasil

No ordenamento jurídico brasileiro o Código de Processo Civil, de maneira comum, estabelece, nos artigos 88 a 90, a competência internacional da autoridade brasileira para dirimir determinados conflitos de interesses.

Contudo, nas ações judiciais envolvendo relação de consumo entende-se pela aplicação da regra geral que beneficia todos os consumidores, a qual está prevista no artigo 101, inciso I, do Código de Defesa do Consumidor (Lei n.º 8.078/90) que estabelece: *"Art. 101. Na ação de responsabilidade civil do fornecedor de produtos e serviços, sem prejuízo do disposto nos Capítulos I e II deste título, serão observadas as seguintes normas: I - a ação pode ser proposta no domicílio do autor;..."*

Diante disto, a regra contida na legislação de consumo brasileira está distante do direito interno português e mais próxima do direito da união europeia.

Entretanto, o CDC brasileiro conceitua consumidor como sendo *"toda pessoa física ou jurídica, que adquire ou utiliza, produto ou serviço, como destinatário final."*. Nesta situação, amplia para a pessoa jurídica, em certos casos, buscar a proteção da lei especial, assemelhando a Espanha[26] e distanciando da União Europeia.

---

[25] OLIVEIRA, Elsa Dias, "Lei aplicável aos contratos celebrados com os consumidores através da Internet e tribunal competente". Coimbra: *Estudos de Direito do Consumidor*, n.º 4, 2002, p. 238.

[26] Lei n.º 20/84, de 19 de Julho de 1984, art. 1º, n.ºs 2 e 3 "2. A los efectos de esta Ley, son consumidores o usuários las personas físicas o jurídicas que adquieren, utilizan o disfrutan, como destinatários finales, bienes muebles o immuebles, productos, servicios, actividades o funciones, qualquiera que sea la naturaleza publica o privada, individual o colectiva de quienes los producen, facilitan, suministran o expiden. 3. No tendrán la consideración de consumidores o usuários quienes sin constituirse en destinatários finales, adquieran, almacenen, utilizen o consuman bienes o servicios, com el finde integrarlos em procesos de producción, transformácion, comercialización o prestación a terceros."

É de conhecimento alargado que com frequência a pessoa jurídica, visando mitigar impactos financeiros com demandas judiciais, tem buscado no direito do consumidor fuga à regra geral de propositura no domicílio do réu, sob o argumento da aplicação do foro privilegiado do artigo 101, inciso I, do Código de Defesa do Consumidor.

Para o deslinde dessa questão, é necessária análise pelo magistrado se no caso concreto restou configurada uma relação de consumo entre as partes envolvidas no processo civil, sob pena de julgar incompetente o foro. A situação vem se arrastando nos tribunais superiores, eis que da decisão monocrática cabe recurso, atingindo, em quase sua totalidade, o Superior Tribunal de Justiça, onerando à administração da justiça.[27]

Tanto a doutrina quanto a jurisprudência têm a árdua missão de estabelecer quem realmente, pelo espírito da lei que é de proteção da parte mais fraca, deve se valer do conceito de consumidor e consequentemente fazer uso das normas do CDC.

Na decisão do Superior Tribunal de Justiça, no Recurso Especial nº 488274-MG, podemos vislumbrar claramente a divergência de interpretação da norma contida no artigo 2º do CDC, ao analisarmos as opiniões emitidas pelo Tribunal de Justiça de Minas Gerais e do STJ na ação de conhecimento proposta pela Pastifício Santa Amália Ltda. (indústria alimentícia), sediada na cidade de Machado/Estado de Minas Gerais, em face da BAAN Brasil Sistema de Informática Ltda. (empresa sediada na cidade de São Paulo, do ramo de informática). O Tribunal de Justiça mineiro considerou: *"Quando o contrato é celebrado entre pessoas jurídicas, e a adquirente é beneficiária dos*

---

[27] Exemplo disso, Agravo Regimental no CONFLITO DE COMPETÊNCIA nº 68.062 – SP, relator Ministro Sidnei Beneti, sendo suscitado o conflito ano de 2006 e a decisão pelo Superior Tribunal de Justiça foi em 2010, portanto, 04 (quatro) anos discutindo o foro competente. Nos autos os produtores rurais haviam firmado contrato de compra e venda de algodão para exportação com determinada empresa do ramo, com sede em lugares distintos, razão pela, os produtores tentaram se valer do artigo 101, do Código de Defesa do Consumidor para afastar a clausula de eleição de foro constante do contrato que determinava como juízo competente o domicílio da empresa exportadora, porém, a decisão final foi no sentido de não haver uma relação de consumo e prevalecer a clausula pactuada entre as partes e foro da cidade da empresa exportadora.

serviços se utiliza dos bens e serviços para incrementar e sustentar sua atividade de produção e fornecimento a terceiros, não pode essa ser qualificada como consumidora final". O Superior Tribunal de Justiça com entendimento contrário entendeu que: *"Ao se utilizar dos serviços, a empresa produtora de alimentos o fez na qualidade de destinatário final, ou seja, para fiscalizar a atividade interna da referida empresa, não sendo tais serviços, objetos de nenhuma transformação.[...] Na verdade, a contratação pelo serviço foi de caracterização final, pois não se vê como possa existir necessidade em que se utilize sistemas de informática para que se produza alimentos.[...] Deve-se, portanto, distinguir os produtos adquiridos pela empresa que são meros bens de utilização interna da empresa daqueles que são, de fato, repassados aos consumidores".*

Em virtude do entendimento exposto pelo Superior Tribunal de Justiça, a ação proposta no domicílio da empresa alimentícia e não no domicílio da empresa de informática foi considerada válida por ser a primeira considerada consumidor, valendo-se da proteção da lei especial.

A Ministra Nancy Andrighi, do STJ, explica a aplicação da pessoa jurídica como consumidor no julgamento do Recurso Especial n.º 1132642[28], em 18 de novembro de 2010:

> "Em outras palavras, a teoria finalista vem sendo mitigada com fulcro no art. 4º, I, do CDC, fazendo a lei consumerista incidir sobre situações em que, apesar do produto ou serviço ser adquirido no curso do desenvolvimento de uma atividade empresarial, haja vulnerabilidade de uma parte frente à outra.
>
> Assim, o direito do consumidor pode ser considerado o direito do contratante hipossuficiente à tutela jurídica diferenciada, sendo irrelevante a distinção pessoa física/jurídica para fins de constatação da vulnerabilidade da parte e recebimento da proteção diferenciada. Mesmo a doutrina alemã – que expressamente limita a aplicação das normas consumeiristas às pessoas físicas (§ 13 BGB) – admite a necessidade de reconhecimento da hipossuficiência das

[28] Disponível no sítio: https://ww2.stj.jus.br/revistaeletronica/Abre_Documento.asp?sLink=ATC&sSeq=11346362&sReg=200900626081&sData=20101118&sTipo=52&formato=PDF

pessoas jurídicas em algumas hipóteses, nas quais é evidente a posição desvantajosa da empresa consumidora com relação à fornecedora (Unterlegenheit). Nesse sentido é a lição de HANS MICKLITZ (Münchener Kommentar zum Bürgerlichen Gesetzbuch: BGB. 4ª Ed. München: Ed. C.H. Beck, 2001, p. 383).

(...)

Com efeito, atribuir ao próprio consumidor, ainda que pessoa jurídica, o ônus de demonstrar sua vulnerabilidade, poderá desestimular ou ao menos dificultar o acesso ao Judiciário, circunstância que não se coaduna com o princípio constitucional de defesa do consumidor, previsto nos arts. 5º, XXXII, e 170, V, da CF. A presunção de vulnerabilidade do consumidor pessoa jurídica não é inconciliável com a teoria finalista; ao contrário, harmoniza-se com a sua mitigação, na forma que vem sendo reiteradamente aplicada pelo STJ. Desse modo, prevalece a regra geral de que a caracterização da condição de consumidor exige destinação final fática e econômica do bem ou serviço, conforme doutrina finalista, mas a presunção de vulnerabilidade do consumidor dá margem à incidência excepcional do CDC às atividades empresariais, que só serão privadas da proteção da lei consumerista quando comprovada, pelo fornecedor, a não vulnerabilidade do consumidor."

A existência da regra geral de propositura de ação individual de consumo no domicílio do consumidor é considerada benéfica e atende o princípio da vulnerabilidade, resta, porém, identificar quem poderá realmente fazer uso desta regra, quando se tratar de uma pessoa jurídica.[29]

3. CONSIDERAÇÕES FINAIS

O tema abordado é de suma importância para efetivar o direito do consumidor previsto na alínea "g" do artigo 3º da Lei n.º 24/96 (Direitos do Consumidor): *"O consumidor tem direito à protecção jurídica e a uma justiça acessível e pronta;"*. Para garantir a eficácia ao direito à justiça em Portugal para os consumidores, com a certeza de primar pelo princípio da vulnerabilidade, bem como para reduzir

[29] Outras decisões do STJ sobre a pessoa jurídca como consumidor: CC n. 41.056 (2004); REsp n. 661.145/ES (2005); REsp 716.386 (2008); AgRg no Ag 834.673 (2009); REsp n. 1.352.419 (2014); REsp n. 1.321.083. Todos acessíveis no endereço www.stj.jus.br

as despesas inerentes à resolução dos litígios e sua efetiva proteção, deve-se propor alteração pontual na Lei n.º 24/96, acrescentando o texto proposto no artigo 536º do anteprojeto do Código de Defesa do Consumidor Português.

Atualmente, no direito interno português, a multiplicidade de legislações esparsas, espalhadas, dificulta o entendimento e o próprio acesso ao consumidor, eis que caberá análise da legislação específica do tema da ação judicial, para avaliar a possibilidade ou não da demanda ser proposta em sua residência habitual, pois, como já foi dito, não há uma regra geral que acarrete esse benefício em todos os casos que envolvam uma relação de consumo.

O direito da união europeia, por meio dos regulamentos Bruxelas I e Roma I, asseguram na maioria dos contratos que envolvem uma relação de consumo, o benefício do domicílio do consumidor como prevalente para propositura de ação judicial, efetivando a defesa do vulnerável.

No Brasil, apesar da existência da regra geral que permite o consumidor em qualquer relação de consumo propor ação no seu domicílio, esbarra-se na questão da pessoa jurídica buscar a proteção da lei especial a seu favor, como fuga do sistema tradicional que determina a propositura da ação no domicílio do réu, assoberbando o Poder Judiciário com demandas que arrastam anos discutindo sobre o foro competente.

O Advogado deve conhecer das tendências doutrinárias e jurisprudenciais contemporâneas para não aventurar-se em lides que possam fracassar por questões preliminares, no caso específico, a extinção do processo por ilegitimidade da pessoa jurídica ao pretender ser considerada consumidor na discussão do foro competente privilegiado.

4. REFERÊNCIAS BIBLIOGRÁFICAS

ALMEIDA, Carlos Ferreira de. Os Direitos dos Consumidores. Coimbra: Almedina, 1982.

ALMEIDA, Fernando Manuel Lucas Ferreira de. Direito Processual Civil. Coimbra: Almedina, 2010.

ALMEIDA, João Batista de. A proteção jurídica do consumidor. 3ª ed., São Paulo: Saraiva, 2002.

ALMEIDA, Teresa. Lei de Defesa do Consumidor Anotada. 2ª Edição. Lisboa: Instituto do Consumidor, 2001.

BOURGOIGNIE, Thierry. *O conceito jurídico de consumidor,* excerto do livro *Éléments pour une théorie du droit de la consomation.* Bruxelles: Story Scientia, 1988.

CALAIS-AULOY, Jean e STEINMETZ, Frank. *Droit de la consommation.* 4e édition. Paris: Dalloz, 1996.

CORREIA, António Ferrer. "Algumas considerações acerca da Convenção de Roma de 19 de Junho de 1980 sobre a lei aplicável às obrigações contratuais", *Revista de Legislação e de Jurisprudência,* 1990, n.ºs 3787 a 3789.

DIAS, João Pedro Simões. O Direito Comunitário e a sua relação com a ordem jurídica interna. Fedrave. Aveiro: 1995.

DINAMARCO, Cândido Rangel. Instituições de Direito Processual Civil. 4. ed. São Paulo: Malheiros, 2004.

DUARTE, Paulo. O conceito jurídico de consumidor, segundo o artigo 2º/1 da Lei de Defesa do Consumidor. Coimbra: Boletim da Faculdade de Direito n.º 75 (1999).

FOURGOUX, Jean-Claude, MIHAYLOV, J., JEANNIN, M.V. – Principes et pratique du droit de la consummation, Ed. J. Delmas et Cie., Paris: 1979.

CHIOVENDA, Giuseppe. Princípios de derecho procesal civil.tomo II. Trad. José Casáis y Santaló. Madrid: Reus, 1925.

LAURENTINO, Sandrina. Os destinatários da legislação do consumidor. Coimbra: Estudos de Direito do Consumidor, n.º 2, 2000.

MARQUES, Cláudia Lima. Contratos no Código de Defesa do Consumidor – *O Novo Regime das Relações Contratuais.* São Paulo: Revista dos Tribunais, 1992.

MESQUITA, Luís Miguel de Andrade. Código de Processo Civil. Coimbra: Almedina, 2013 (31ª Edição).

MONTEIRO, António Pinto. Do Direito do consumo ao código do consumidor. Coimbra: Estudos de Direito do Consumidor, n.º 1, 1999.

- A protecção do consumidor de serviços públicos essenciais. Coimbra: Estudos de Direito do Consumidor, n.º 2, 2000.

OLIVEIRA, Elsa Dias, "Lei aplicável aos contratos celebrados com os consumidores através da Internet e tribunal competente". Coimbra: Estudos de Direito do Consumidor, n.º 4, ano 2002, p. 219-238.

PINHEIRO, Luís Lima, "Direito aplicável aos contratos com consumidores", *Revista da Ordem dos Advogados,* 61 (2001), pp. 155-170.

RAMOS, Rui Moura. "Contratos internacionais e protecção da parte mais fraca no sistema jurídico português". Contratos: actualidade e evolução. Porto: Universidade Católica, 1997.

REIS, Alberto dos. Comentários ao Código de Processo Civil, Vol. III, 3ª. ed. Coimbra: Coimbra Editora, 2012.

SILVA, João Calvão da. Responsabilidade civil do produtor. Coleção de Teses. Coimbra: Almedina, 1999.

TELLES, Eugénia Galvão. "A lei aplicável aos contratos de consumo no «labirinto comunitário»", *Estudos em Homenagem ao Prof. Doutor Inocêncio Galvão Telles*, António Menezes Cordeiro, Luís Menezes Leitão e Januário da Costa Gomes (org.), v. I, Coimbra: Almedina, 2002, p. 683 ss.

DA INCLUSÃO DO DANO DE TRANSTORNO COMO ESPÉCIE DOS DANOS EXTRAPATRIMONIAIS INDENIZÁVEIS

Bernardo Drumond de Matos Nogueira[1]

1. INTRODUÇÃO

O termo *transtorno* é definido pelo dicionário Michaelis (Editora Melhoramentos – 2009 – UOL) como: "*Ato ou efeito de transtornar. Contrariedade; contratempo, decepção/ Prejuízo/ Desarranjo/Perturbação mental.*"

Essa palavra frequentemente vem sendo associada, nos últimos tempos, a situações que envolvam relações de consumo, e, portanto, entre consumidores e fornecedores de bens e serviços.

É comum escutar em conversas informais, convenções sociais ou reuniões entre parentes e amigos, relatos do tipo: "*isso me causa um transtorno*", sempre em referência a alguma prática irregular ou abusiva realizada por uma empresa em detrimento de quem se queixa.

A Constituição Federal, em seu art. 5º, X, o Código Civil, art. 927 e o Código de Defesa do Consumidor no art. 6º, VI, apresentam dispositivos legais em que se estabelecem indenização por danos materiais, seja em forma de dano emergente ou lucros cessantes e, também, pelo já consolidado instituto dos danos morais.

---

1 Advogado Especialista em Direito Empresarial pelo CAD-Centro de Atualização em Direito, Membro da Comissão de Defesa do Consumidor da OAB/MG

Contudo, não há definição legal de como deve agir o Magistrado em uma situação na qual se verifica um dano extrapatrimonial comprovado, mas que não caracteriza dano moral e nem possui embasamento legal para fixação de dano material e/ou lucros cessantes.

Deve o julgador simplesmente ignorar que o fornecedor atuou imbuído de má-fé, desleixo, displicência ou negligência em face do consumidor e que nele gerou um desgaste, transtorno ou o famigerado *mero aborrecimento*?

O militante na área do Direito do Consumidor tem conhecimento de que existem milhares de demandas no judiciário, nas quais restam comprovadas atitudes equivocadas e abusivas praticadas pelo fornecedor de produtos e serviços, extremamente prejudiciais ao consumidor, mas que são relegadas a um limbo jurídico por não haver clara previsão legal e nem mesmo uma construção doutrinária ou jurisprudencial que determine a punição adequada a esses casos.

2. APLICABILIDADE DO INSTITUTO

Diariamente, os consumidores se deparam com situações causadas por falhas ou equívocos dos fornecedores e que lhes geram uma contrariedade, um prejuízo e uma perturbação mental muito além de um mero aborrecimento, caracterizando um evidente Dano de Transtorno.

Dentre situações da espécie pode-se citar: o recebimento de ligações constantes para cobrar contas já pagas, ligações para o oferecimento de produtos e serviços em dias e horários inadequados gerando infrações às normas de regulamentação dos SAC's, inserção de produtos ou serviços não requeridos ou adquiridos na fatura de cartão de crédito, enfim, sujeitando os consumidores à procura pela solução, muitas vezes infrutífera, para um problema que não foi por eles gerado. Essa procura resulta, muitas vezes, em grandes períodos ao telefone, reiteradas ligações que são interrompidas sem a solução do problema, deslocamentos indesejáveis, etc., para a conclusão de um caso de simples resolução que constitui frontal descumprimento de cláusula contratual, porém não caracterizadora Dano Moral.

Todos os exemplos citados são causadores de grandes transtornos às pessoas, mas, quando levados ao Judiciário, na grande maioria dos casos, não ensejam qualquer punição ao Fornecedor.

Certo é que causa grande frustração e senso de impunidade ao Consumidor o fato de ter sua vida desarranjada em virtude de culpa única e exclusiva do Fornecedor ao qual se vinculou, fazendo-o perder tempo na tentativa infrutífera de solucionar o problema, na obrigação de recorrer ao judiciário, tendo que comparecer a audiências, em alguns casos contratar advogado, provar o transtorno e ao final ter seu pedido por dano moral negado, sob a corriqueira alegação de se tratar de mero aborrecimento.

O Judiciário não pode mais considerar os transtornos experimentados diariamente e reiteradamente pelos Consumidores, em razão de práticas atentatórias a seus direitos pelos Fornecedores, como meros e corriqueiros aborrecimentos. Pelo contrário, deve, pois, combater e evitar tais práticas por meio de constantes e educativas sentenças condenatórias, a fim de desestimular afrontas aos direitos consumeristas.

O Dano de Transtorno poderia ser construído através de um posicionamento jurisprudencial que passasse a reconhecer o legítimo direito do consumidor em ser indenizado, quando não houvesse entendimento do Juiz sobre a existência do Dano Moral. Por consequência, obviamente, o patamar de condenação em relação ao Dano de Transtorno seria inferior ao do Dano Moral.

A condenação por Dano de Transtorno teria a finalidade educativa ao Fornecedor para que este procurasse evitar a repetição da prática e sua fixação deveria consistir em quantia suficiente para acalmar a alma do Consumidor, através da sensação de que o desgaste que lhe foi infringido por desídia do Fornecedor foi devidamente reconhecido e punido pelo judiciário.

Até mesmo com os atuais ditames da legislação, especificamente do Código Civil e Código de Defesa do Consumidor, o Dano de Transtorno já poderia ser objeto de aplicação pelos Magistrados em suas sentenças, como uma espécie de Dano Extrapatrimonial.

O art. 927 do Código Civil dispõe em seu parágrafo único que:

> *Art. 927. (...)*
>
> Parágrafo Único. Haverá obrigação de reparar o dano, independentemente de culpa, nos casos especificados em lei, ou quando a atividade normalmente desenvolvida pelo autor do dano implicar, por sua natureza, risco para os direitos de outrem.

Convergem, nesse mesmo sentido, os artigos 186 e 187, também do Código Civil, que tratam dos atos ilícitos:

> Art. 186. Aquele que, por ação ou omissão voluntária, negligência ou imprudência, violar direito e causar dano a outrem, ainda que exclusivamente moral, comete ato ilícito.
>
> Art. 187. Também comete ato ilícito o titular de um direito que, ao exercê-lo, excede manifestamente os limites impostos pelo seu fim econômico ou social, pela boa-fé ou pelos bons costumes.

O Código de Defesa do Consumidor – Lei 8.078/90, por sua vez, dispõe sobre as práticas abusivas em seu art. 39, apresentando rol exemplificativo e não taxativo.

O Autor Rizzatto Nunes (Curso de Direito do Consumidor, 2ª Ed, Editora Saraiva, 2005, p. 512) conceitua práticas abusivas como: "*Ações e/ou condutas que, uma vez existentes, caracterizam-se como ilícitas, independentemente de se encontrar ou não algum consumidor lesado ou que se sinta lesado. São ilícitas em si, apenas por existirem de fato no mundo fenomênico.*"

O artigo 6º do Código de Defesa do Consumidor lista os direitos básicos do consumidor, dentre eles destacamos:

> Art. 6º. São direitos básicos do consumidor:
>
> (...)
>
> IV – a proteção contra a publicidade enganosa e abusiva, métodos comerciais coercitivos ou desleais, bem como contra práticas e cláusulas abusivas ou impostas no fornecimento de produtos e serviços;
>
> (...)
>
> VI – a efetiva prevenção e reparação de danos patrimoniais e morais, individuais, coletivos e difusos;

Diante dos artigos acima citados está formado um arcabouço legal já suficiente para a aplicação do Dano de Transtorno, até que o instituto seja acrescido expressamente à legislação pátria.

Ressalta-se, outrossim, que já existem, em alguns casos, formas preventivas do Consumidor se proteger das práticas abusivas dos Fornecedores que possam causar o Dano Extrapatrimonial de Transtorno, como é o caso dos bancos de dados concebidos pelo PROCON do Estado de São Paulo e que já se encontram presentes também em cerca de dez estados brasileiros, nos quais é possibilitado aos cidadãos o cadastramento com fins de bloqueio de ligações das centrais de telemarketing para oferecimento de produtos e serviços.

Abaixo estão transcritas algumas decisões do TJMG nas quais há o reconhecimento da existência do aborrecimento, mas que não se fixa qualquer condenação ao Fornecedor, por não se considerar a existência do Dano Moral ou mesmo Material:

> INDENIZAÇÃO POR DANOS MORAIS – DESCONTO INDEVIDO EM CONTA CORRENTE – UTILIZAÇÃO DE CHEQUE ESPECIAL – DANOS MORAIS – NÃO-OCORRÊNCIA.
>
> Para que se condene alguém ao pagamento de indenização por dano moral é preciso que se configurem os pressupostos ou requisitos da responsabilidade civil, que são o dano, a culpa do agente, em caso de responsabilização subjetiva, e o nexo de causalidade entre a atuação deste e o prejuízo. Percalços comuns do dia-a-dia, meros aborrecimentos do cotidiano, não são suficientes à responsabilização por danos morais, devendo existir uma conseqüência mais grave em virtude do ato que, em tese, tenha violado o direito de personalidade de outrem, provocando dor, sofrimento, angústia ou humilhação consideráveis à pessoa e, não, quaisquer dissabores da vida" (Apelação Cível N° 1.0702.07.344191-8/001, Rel. Des. Eduardo Mariné da Cunha , 16/03/2010).
>
> EMENTA: AÇÃO INDENIZATÓRIA. FALHA NA PRESTAÇÃO DO SERVIÇO. DANO MORAL INEXISTENTE. MERO ABORRECIMENTO
>
> Para a configuração do dano moral é imprescindível que a agressão atinja o sentimento íntimo e pessoal de dignidade do indivíduo. Afinal, à luz da Constituição da República, o dano moral consubstancia-se justamente na ofensa à dignidade humana. Nessa linha, não é crível que mero inadimplemento contratual, sem maiores repercussões ou reflexos extravagantes na esfera dos direitos da personalidade, possa causar dor e sofrimento capazes de caracterizar dano moral. (Apelação Cível 1.0145.12.024899-5/001, Relator(a): Des.(a) Cláudia Maia, 13ª CÂMARA CÍVEL, julgamento em 13/06/2013, publicação da súmula em 21/06/2013)

> EMENTA: AÇÃO DECLARATÓRIA DE INEXISTÊNCIA DE DÉBITO – ALTERAÇÃO NO MEDIDOR DE ENERGIA – ÔNUS PROBATÓRIO DA PARTE RÉ- AUSÊNCIA DE COMPROVAÇÃO – DÉBITO INDEVIDO – DANO MORAL NÃO CONFIGURADO.
>
> Em não havendo comprovação nos autos de que a alteração no medidor de energia se deu por atitude do usuário, ilícita se mostra a cobrança pelo seu consumo suplementar.
>
> Para ensejar os danos morais, é preciso que eles ultrapassem o patamar dos meros aborrecimentos e desgastes normais advindos de qualquer relação de prestação de serviços. (Apelação Cível 1.0194.12.003386-6/001, Relator(a): Des.(a) Selma Marques , 6ª CÂMARA CÍVEL, julgamento em 11/06/2013, publicação da súmula em 21/06/2013)

No último acórdão apresentado, o Consumidor ajuizou uma Ação Declaratória de Inexistência de Débito c/c Danos Morais em face da Companhia Energética de Minas Gerais – Cemig que lhe cobrava cerca de R$ 30.000,00 (trinta mil reais) em razão de acerto de contas anteriores por suposta violação do selo de calibração do medidor, o que teria gerado um consumo irregular, superior ao que foi cobrado pela concessionária à época.

O pedido foi julgado totalmente procedente em primeira instância e reformado parcialmente no TJMG, no que tange à exclusão da condenação em Danos Morais. Não obstante estarem presentes todos os requisitos ensejadores da condenação por Danos Morais, haja vista que o Consumidor foi acusado por uma ação criminosa cuja prática não restou comprovada, os Desembargadores poderiam ter condenado a empresa Ré, na falta dos Danos Morais, em Dano de Transtorno. Este último, mais do que provado, no mínimo, pela necessidade do ajuizamento da ação competente para anulação do débito cobrado de forma injusta.

Da observação dos demais acórdãos, verifica-se que ambos têm em comum a prática de uma justiça incompleta, pois, nos dois casos os Desembargadores reconheceram que o Consumidor foi exposto a um aborrecimento, desgaste, abalo, mas alegam que não há meios de punir o Fornecedor seja por não haver caracterização de dano moral, seja pela falta de dispositivo legal que autorize ou determine a punição do Réu neste tipo de acontecimento.

Certo é que a aplicação do Dano de Transtorno não deve se dar de forma cumulativa ao Dano Moral, tendo em vista que este engloba aquele. Todavia, no caso de não haver a condenação moral, em algumas situações é perfeitamente cabível o Dano de Transtorno. Em qualquer dos casos, há possibilidade da aplicação conjunta e cumulativa com o Dano Material.

Portanto, a aplicação do Dano de Transtorno é muito importante para suprir uma brecha existente em determinadas situações que geram algum tipo de prejuízo ao Consumidor, mas que não caracterizam por si só Dano Moral. Assim, a condenação por Dano de Transtorno visa evitar que atos ilícitos e/ou abusivos praticados pelo Fornecedor causadores de grande aflição para o Consumidor não fiquem imunes à condenação pelo Judiciário por não caracterizarem Dano Moral.

Um exemplo prático vem ocorrendo em casos de negativa de cobertura de exames e cirurgias perpetradas por planos de saúde, nas quais se requer a tutela antecipada para a imediata autorização do procedimento. Ao invés de julgar a tutela, os Juízes vêm intimando as empresas a prestarem esclarecimentos no prazo de 3 (três) dias a respeito do pedido liminar; ocasião em que, cumprindo "espontaneamente" com a autorização, sem a necessidade da determinação judicial, o pedido de danos morais atrelado à ação é, geralmente, negado, sob o argumento do cumprimento espontâneo pela operadora. Nesse sentido destacamos o seguinte acórdão:

> EMENTA: AÇÃO DE COBRANÇA. CONTRATO DE PLANO DE SAÚDE. COBERTURA PARA CIRURGIA CARDÍACA, CINEANGIOCORONARIOPLASTIA. EXISTÊNCIA DE CLÁUSULA DE AMPLIAÇÃO DE COBERTURA. NEGATIVA DO PLANO DE SAÚDE DE COBERTURA PARA O PROCEDIMENTO INDICADO. INTERPRETAÇÃO DAS CLÁUSULAS COM BASE NA BOA-FÉ OBJETIVA E NA FUNÇÃO SOCIAL. INDICAÇÃO MÉDICA. ATO ILÍCITO. DEVER DE REEMBOLSO CONFIGURADO. DANOS MORAIS. MEROS ABORRECIMENTOS
>
> Ao consumidor que contratou plano de saúde para resguardar-se de eventual necessidade de tratamento e assistência médico-hospitalares e paga as mensalidades devidas em dia não pode ser negada cobertura de cirurgia cardíaca, expressamente permitidas pelo contrato.

> Não havendo no contrato expressa previsão de exclusão dos procedimentos indicados, a presunção da cobertura milita em favor do consumidor, seja por ser a parte hipossuficiente, seja porque a obrigação da operadora contratada era de oferecer tratamento e assistência à saúde, mormente tendo em vista a existência de cláusula de ampliação de cobertura que incluiu cirurgias cardíacas e próteses cardíacas. Os aborrecimentos decorrentes de interpretação de contrato, em geral, não são capazes de causar dano de ordem moral aos contratantes, devendo haver prova robusta de que a parte foi lesada em sua honra, sob pena de improcedência do pedido de indenização por danos morais. (Apelação Cível 1.0024.10.143066-8/003, Relator(a): Des.(a) Pedro Bernardes, 9ª CÂMARA CÍVEL, julgamento em 04/06/2013, publicação da súmula em 10/06/2013)

Ora, o cumprimento não seria "espontâneo" se o Autor não buscasse a via judicial e esta busca, efetuada certamente após inúmeras tentativas de autorização administrativa, além de gerar gastos com despesas processuais, audiência, advogado, tempo perdido, gerou, por si só, um grande transtorno ao consumidor/autor em um momento absolutamente delicado e envolvendo um bem jurídico indisponível e de maior importância que é a vida.

O Dano de Transtorno assim como o Dano Moral, é caracterizado por uma situação excepcional de anormalidade. O primeiro em menor grau que o segundo, mas ainda assim fora do comum; e isso porque o serviço ou bem comercializado pelo fornecedor deve ser adequado e perfeito. Nos dois casos o patrimônio imaterial da pessoa é atingido, seja na forma de um abalo psicológico seja na de um aborrecimento – ambos merecedores da devida proteção jurídica.

Para que haja a responsabilidade objetiva do fornecedor em indenizar o consumidor, deve ser observado o nexo de causalidade entre o ato praticado e o dano sofrido pelo paciente.

No caso específico do Dano de Transtorno, alguns critérios devem ser observados para determinação do quantum indenizatório: a existência ou não da má-fé do fornecedor aliado a práticas anteriores e capacidade de reiteração do referido ato danoso.

A respeito da boa-fé objetiva como requisito da relação de consumo, vejamos a lição de Rizzatto Nunes: (Curso de Direito do Consumidor, 2ª Ed., Editora Saraiva, 2005, p. 127, 128):

> *A lei consumerista incorpora a boa-fé objetiva, que pode ser definida como sendo uma regra de conduta, isto é, o dever das partes de agir conforme certos parâmetros de honestidade e lealdade, a fim de se estabelecer o equilíbrio nas relações de consumo. Deste modo, quando se fala em boa-fé objetiva, pensa-se em comportamento fiel, leal, na atuação de cada uma das partes contratantes a fim de garantir respeito à outra. É um princípio que visa garantir a ação sem abuso, sem obstrução, sem causar lesão a ninguém, cooperando sempre para atingir o fim colimado no contrato, realizando o interesse das partes.* (Curso de Direito do Consumidor, 2ª Ed., Editora Saraiva, 2005, p. 127, 128)

E o Autor segue discorrendo a respeito da aplicação da boa-fé objetiva em nosso ordenamento jurídico, especificamente no que tange ao CDC:

> *A boa-fé objetiva é uma espécie de pré-condição abstrata de uma relação ideal. Toda vez que no caso concreto, por exemplo, o magistrado tiver de avaliar o caso para identificar algum tipo de abuso, deve levar em consideração essa condição ideal a priori, na qual as partes respeitam-se mutuamente, e forma adequada e justa.* (Curso de Direito do Consumidor, 2ª Ed., Editora Saraiva, 2005, p. 127, 128)

3. CONCLUSÃO

Vivemos em uma sociedade complexa e em uma era na qual as corporações estão cada vez mais concentradas: são empresas de telefonia multinacionais, instituições financeiras com lucros astronômicos, empresas de seguro de saúde que anunciam na mídia possuir milhões de clientes. Em razão disso, o mínimo que se espera é que possuam capacidade de se organizar e se preparar para lidar com o consumidor final de seus serviços e produtos, de forma a minimizar ao máximo a prática dos abusos que levam aos transtornos.

O acréscimo de mais uma forma de se punir abusos praticados pelos Fornecedores não visa uma caça às empresas, ou a criação da indústria de Dano de Transtorno, e sim uma forma de se aperfeiçoar ainda mais o sistema de defesa do consumidor no Brasil que evolui ano após ano. A intenção é que, cada vez mais, a relação entre Consumidor e Fornecedor seja lícita, correta e leal, na busca de um nível de excelência por bens e serviços prestados e, ainda, que o Poder Judiciário possua os meios legais próprios para punir o Fornecedor que se escusar de cumprir com estes deveres, satisfazendo mesmo que em parte os anseios do vulnerável e hipossuficiente Consumidor.

Não havia, quando da edição do Código de Defesa do Consumidor em 1990, como se prever, abarcar e codificar todas as situações às quais os Consumidores estariam sujeitos como, por exemplo, o comércio eletrônico que só passou a ser uma realidade há cerca de 15 (quinze) anos e tornou-se uma das principais formas de se adquirir produtos e serviços nos dias de hoje.

À medida que se perceba a necessidade da adequação da legislação aos acontecimentos da vida moderna, como no caso do comércio eletrônico, os legisladores deverão estar atentos e se posicionar para que as reformas dos códigos sejam realizadas – e isso é o que deverá ser observado em relação a uma inovação jurídica como o Dano de Transtorno. Entretanto, até que isso ocorra, os Magistrados já poderão começar a aplicá-lo, com destreza e bom senso, analisando pormenorizadamente cada fato que lhe for encaminhado para julgamento.

REFERÊNCIAS

BRASIL. **Código civil. Vade Mecum** 13ª ed. Saraiva, 2013.

BRASIL. **Código de Defesa do Consumidor. Vade Mecum** 13ª ed. Saraiva, 2013.

BRASIL. **Constituição Federal. Vade Mecum** 13ª.ed. Saraiva, 2013.

DICIONÁRIO MICHAELIS (Editora Melhoramentos – 2009 – UOL) – Disponível em: http://michaelis.uol.com.br/moderno/portugues/index.php?lingua=portugues-portugues&palavra=transtorno Acesso em 03 jul 2013.

JURISPRUDÊNCIAS MINAS GERAIS. Tribunal de Justiça. Apelação Cível N° 1.0702.07.344191-8/001, Rel. Des. Eduardo Mariné da Cunha, 16/03/2010

JURISPRUDÊNCIAS MINAS GERAIS. Tribunal de Justiça. Apelação Cível 1.0145.12.024899-5/001, Relator(a): Des.(a) Cláudia Maia, 13ª CÂMARA CÍVEL, julgamento em 13/06/2013, publicação da súmula em 21/06/2013.

JURISPRUDÊNCIAS MINAS GERAIS. Tribunal de Justiça. Apelação Cível 1.0194.12.003386-6/001, Relator(a): Des.(a) Selma Marques,

6ª CÂMARA CÍVEL, julgamento em 11/06/2013, publicação da súmula em 21/06/2013.

JURISPRUDÊNCIAS MINAS GERAIS. Tribunal de Justiça. Apelação Cível 1.0024.10.143066-8/003, Relator(a): Des.(a) Pedro Bernardes, 9ª CÂMARA CÍVEL, julgamento em 04/06/2013, publicação da súmula em 10/06/2013.

NUNES, Rizzatto (Curso de Direito do Consumidor, 2ª ed. Editora Saraiva, 2005, p. 127, 128, 512).

CONSUMIR: UMA QUESTÃO DE CONFIANÇA

Bruno de Almeida Lewer Amorim[1]

1. INTRODUÇÃO

As relações de consumo, assim como a maioria das relações humanas, dependem de um elemento indispensável a sua constituição e regular desenvolvimento, a confiança. Todavia, ao contrário da maior parte das relações privadas, nas quais há relativa igualdade entre as partes contraentes, nas relações de consumo o natural desequilíbrio entre as partes faz com que a confiança seja vista mais como uma necessidade imposta ao consumidor do que propriamente uma escolha.

A razão para isso é bastante simples. A natural complexidade das cadeias produtivas, com inúmeras empresas intermediando as mais diversas etapas de produção e comercialização de determinado bem, aliada à descentralização do processo produtivo, com diferentes componentes do bem sendo fabricados em diversas partes do mundo, o fornecedor assume considerável distanciamento do consumidor. O processo produtivo assumiu tamanha impessoalidade e complexidade que resta quase impossível, para o consumidor, identificar o autor do dano por ele eventualmente sofrido. Não se sabe quem é o responsável pelo produto, nem tampouco pelo defeito nele apurado.

---

1 Advogado, graduado em Direito pela Faculdade de Direito Milton Campos; Sócio-Diretor da Contratto Advocacia – Lewer, Pellegrinelli & Saraiva Sociedade de Advogados; Assessor Especial da Presidência da OAB/MG; Mediador de Conflitos especializado em Relações de Consumo pelo Centro de Estudos e Pesquisas Jurídicas – CEBEPEJ e pelo Instituto Brasileiro de Defesa do Consumidor – IDEC; Palestrante do Curso Os X Mandamentos do Consumidor Moderno.

Tal situação quase que inviabilizaria a formação do elemento confiança, bem como a efetivação da defesa do consumidor, não fosse pela criação da teoria da aparência, segundo a qual todos aqueles que, de qualquer forma, integrarem o processo de produção e comercialização do bem, assim como aqueles que se apresentarem para o consumidor, com o intuito de transmitir-lhe confiança a partir da credibilidade de sua marca, integram a cadeia de fornecimento, sendo igualmente responsáveis perante o consumidor em caso de dano decorrente de vício ou defeito do produto. A responsabilidade será solidária.

Por outro lado, o profissionalismo do fornecedor, contraposto ao fato de o consumidor, na maioria das vezes, ser leigo, contribui para colocar o fornecedor em posição de vantagem sobre o consumidor, podendo este mais facilmente mentir ou omitir informações relevantes referentes ao produto ou serviço a ser contratado, no intuito de levar o consumidor ao erro.

É nesse cenário complexo e em constante e acelerada mutação – o mercado de consumo – que se desenvolvem as relações entre consumidor e fornecedor. Mas por que se afirmou anteriormente que a confiança é uma necessidade e não uma escolha do consumidor?

A resposta está justamente na impessoalidade e velocidade que as relações de consumo adquiriram, sobretudo a partir da revolução industrial, e na massificação viabilizada pelos contratos de adesão.

Ao consumidor restou quase impossível verificar e atestar as informações passadas pelos fornecedores via anúncios publicitários. O consumidor é a todo tempo seduzido por publicidades que têm por finalidade transmitir-lhe confiabilidade quanto à segurança e qualidade do produto ou serviço anunciado.

Por outro lado, a ausência de contato direto com o fornecedor – o contato muitas vezes se dá via intermediários, centrais telefônicas de atendimento, atendentes terceirizados, franqueados, via internet – faz com que o consumidor tenha enorme dificuldade em conhecer a origem do produto, bem como atestar sua confiabilidade.

É o caso de companhias aéreas, de telefonia, de banda larga, dentre outras. O consumidor somente conseguirá atestar e conhecer o nível de qualidade do produto ou serviço prestado, após sua aquisição, durante seu uso. É praticamente impossível ao consumidor atestar a qualidade dos serviços e produtos anunciados, antes de contratá-los. Mas alternativa outra não lhe resta.

Por essa razão, confiar no fornecedor é mais uma imposição ao consumidor, do que uma escolha. Ele confia, pois precisa dos produtos e serviços ofertados. A confiança é ficta, pois no cenário atual das relações de consumo, é quase impossível de ser atestada e verificada antes da aquisição e utilização do produto ou serviço.

Nesse sentido, o exame de conformação entre o que efetivamente é o produto ou serviço e aquilo que foi anunciado pelo fornecedor, quando da oferta e contratação, ocorrerá, na maioria das vezes, após a celebração do contrato e aquisição do bem.

Nesse sentido, inúmeros mecanismos irão buscar tutelar a confiança depositada pelo consumidor, permitindo-lhe, inclusive, desfazer o negócio e pleitear a reparação dos danos, caso frustradas suas expectativas legítimas.

O presente Artigo irá aprofundar a análise de como surge a confiança entre consumidor e fornecedor no cenário de consumo contemporâneo, bem como aprofundará o estudo sobre institutos jurídicos responsáveis por tutelar a confiança do consumidor, como a Boa-Fé objetiva, com ênfase em sua abordagem pela doutrina e aplicação pelos Tribunais.

2. UMA QUESTÃO DE CONFIANÇA

A relação de consumo nasce da conjunção entre uma necessidade de consumir e uma atividade profissional de fornecimento dos produtos e serviços aptos a satisfazer tal necessidade. Por óbvio, nem sempre haverá a necessidade de consumir. Poderá haver tão somente uma vontade de consumir. A diferença entre elas é clara e diz respeito à essencialidade do produto ou serviço buscado pelo consumidor. Assim, alguns produtos e serviços como alimentos, medicamentos, transporte e crédito, são essenciais à sobrevivência e a satisfação de necessidades primárias dos indivíduos, sobretudo se os considerarmos como inseridos em um sistema político, econômico e social, cujas regras ditam a vida em sociedade.

Por outro lado, a vulnerabilidade do consumidor frente ao fornecedor é fato inquestionável. Aos incrédulos, basta acompanhar algumas poucas audiências nos Juizados Especiais de Consumo para se constatar as inúmeras situações de caos, humilhação, prejuízo material e moral às quais o consumidor é submetido diariamente, por empresas que insistem em valer-se de sua natural vulnerabilidade na relação de consumo para obter vantagens indevidas.

Esse (natural) desequilíbrio entre as partes componentes da relação de consumo surge a partir da contraposição entre o fornecedor (profissional) e o consumidor (leigo). O fornecedor domina, ou deveria dominar, todo o processo de produção e comercialização do produto ou serviço que disponibiliza no mercado de consumo. Já o consumidor é, na maioria das vezes, leigo.

Alguns exemplos podem elucidar melhor esta questão. Imagine o caso de um médico que se dirija a uma concessionária de veículos. Lá chegando, este manifesta ao vendedor as principais expectativas e preocupações que alimenta, as quais irão contribuir decisivamente no processo de escolha do veículo a ser adquirido. Após a conversa inicial, o vendedor identifica o que o consumidor procura: segurança, potência e conforto. Este então seleciona um determinado veículo, o qual se demonstra como o mais adequado a atender as expectativas e exigências externadas pelo médico. O vendedor então explica que o veículo possui freios ABS com EBD, o que proporciona uma frenagem mais efetiva, contribuindo para a segurança do motorista e de seus passageiros. Além disso, explica que em diversos testes realizados pela marca, o veículo em questão foi o que obteve o melhor resultado em termos de segurança. Quanto à potência, o vendedor explica que o motor possui 250 cavalos de potência e detalha as demais especificações de torque e câmbio, explicando que o sistema contribui para um aumento na potência do veículo. Além disso, explica que o veículo conta com sistema de injeção eletrônica. O veículo também conta com sistema de amortecedores com bolsa pneumática e suspensão independente e a ar, o que contribui para o incremento do conforto daqueles que estão a bordo. As especificações atendem plenamente as expectativas do médico, transformando aquele no carro dos seus sonhos. Todavia, há um preço a ser pago por estas especificações, o que provoca um incremento de quase 40% no valor do veículo, em relação a um similar básico. O médico, todavia, movido por seus desejos, emoções e preocupações, opta pelo modelo top de linha, desembolsando quantia superior a inicialmente planejada. A questão que se coloca é a seguinte: como o consumidor conseguirá verificar a veracidade das especificações enumeradas pelo vendedor? Se o vendedor disser que o veículo possui todos esses itens de segurança, potência e conforto, o consumidor pagará a mais por eles, sem sequer saber se eles realmente estão presentes no veículo. Tal fato é natural, pois o consumidor é leigo.

Outro exemplo ainda mais contundente: todos os dias milhares de consumidores adquirem passagens aéreas de empresas as quais eles não sabem quem são os donos, sem saber se as aeronaves estão recebendo as manutenções necessárias, se o combustível colocado é o adequado, se os pilotos são formados e capacitados para pilotarem a aeronave etc.

Como, então, diante dessas situações, o consumidor ainda assim contrata? A resposta está na confiança que este deposita no fornecedor.

O consumidor confia que as especificações do veículo passadas pelo vendedor são verdadeiras e que a Companhia Aérea se certificou previamente acerca da qualificação de seus pilotos e vem realizando as manutenções necessárias em suas aeronaves. É óbvio que em casos como o relativo às especificações do veículo, o consumidor pode procurar um especialista para confirmar as informações passadas pelo vendedor ou até solicitar à própria concessionária que o faça. Todavia, certo é que poucos consumidores se dão a este trabalho. Já quanto às empresas aéreas, dificilmente o consumidor conseguirá acesso às informações relativas às manutenções realizadas e à qualificação dos pilotos.

Por fim, um exemplo mais gravoso. Todos os dias consumidores acometidos por algum mal ou doença adquirem medicamentos, cuja bula traz as especificações de possíveis efeitos colaterais e adversidades. O consumidor não possui meios de verificar se as informações ali constantes são verdadeiras ou falsas. Tampouco tem como saber se o medicamento adquirido de fato possui o princípio ativo especificado pelo laboratório ou se se trata de um mero placebo. Ainda assim, os consumidores adquirem e utilizam, diariamente, inúmeros medicamentos.

A lição extraída é a de que a confiança é o elemento indispensável à formação da relação de consumo. Sem ela, o fornecedor estará fadado ao insucesso de suas atividades. Ninguém compra remédios de determinado laboratório condenado judicialmente por adulteração de medicamentos.

Por outro lado, para o consumidor, a confiança, mais do que uma escolha, é uma necessidade.

A expectativa do consumidor é a de que o produto ou serviço adquirido funcionará adequadamente, conforme as informações dadas pelo fornecedor, e não lhe representará riscos além daqueles previamente informados. Essa expectativa é legítima, encontrando respaldo no art. 8°, do Código de Defesa do Consumidor, segundo o qual:

> Os produtos e serviços colocados no mercado de consumo não acarretarão riscos à saúde ou segurança dos consumidores, exceto os considerados normais e previsíveis em decorrência de sua natureza e fruição, obrigando-se os fornecedores, em qualquer hipótese, a dar as informações necessárias e adequadas a respeito. (BRASIL, 2013, p. 1236).

Assim, ninguém compra uma passagem aérea considerando como um risco normal e previsível a queda do avião. Aliás, as publicidades veiculadas pelas companhias aéreas sempre são bastante enfáticas ao anunciar a segurança e o conforto do serviço prestado, criando uma legítima expectativa no consumidor quanto a sua confiabilidade.

Assim, se ao consumidor resta apenas confiar nas informações prestadas pelo fornecedor, este último será responsabilizado sempre que frustrar, injustamente, a confiança legitimamente depositada pelo consumidor.

Nesse sentido, prevalece a teoria do risco consentido. Nas relações de consumo, o consumidor não pode ser exposto a riscos que não foram previamente informados pelo fornecedor quando do anúncio ou contratação. Assim, no caso dos medicamentos, qualquer efeito colateral não previsto na bula, gerará a responsabilização objetiva do fornecedor. A razão é óbvia. Por que o consumidor deve correr algum risco? De fato, os fornecedores podem comercializar produtos nocivos à saúde ou segurança dos consumidores, como é o caso do cigarro, das bebidas alcóolicas e dos próprios medicamentos. Todavia, todos os riscos decorrentes da utilização desses produtos, devem ser previamente informados ao consumidor, de forma clara e objetiva. Assim, o consumidor não pode ser exposto a riscos que não consentiu.

Quando o consumidor adquire e utiliza produtos nocivos, ciente dos riscos que corre, há a assunção dos referidos riscos pelo próprio consumidor. Todavia, não há que se falar em assunção de riscos desconhecidos pelo consumidor.

Nesse sentido, o Código de Defesa do Consumidor se preocupa em tutelar a confiança legitimamente depositada pelo consumidor no fornecedor, vez que decorrente de sua natural vulnerabilidade. Eis o espírito da Lei n° 8.078, de 11 de setembro de 1990.

Não por outra razão, o CDC elenca, em seu art. 6°, como direitos básicos do consumidor: a proteção a sua vida, saúde e segurança; o direito à informação clara e adequada sobre os diferentes tipos de produtos e serviços; o direito à educação e divulgação sobre o consumo adequado dos produtos e serviços disponibilizados no mercado de consumo; a proteção contra a publicidade enganosa e abusiva, dentre outros. Perceba-se que todos esses direitos básicos buscam assegurar a manutenção das expectativas legitimamente depositadas pelo consumidor no fornecedor, e na qualidade e confiabilidade de seus produtos e serviços.

A vulnerabilidade do consumidor fica muito evidente nos casos das famosas "listas negras", informações depreciativas acerca dos consumidores veiculadas entre as Instituições Financeiras, especificando se o cliente em questão já ajuizou alguma ação judicial contra seu Banco ou Financeira, bem como se obteve êxito ou não no pleito. Estas informações, por vezes, são utilizadas para promover verdadeira retaliação por parte da Instituição Financeira, a qual, em verdadeira vingança ao fato de ter sido processada pelo consumidor e condenada judicialmente, cancela, unilateralmente, os serviços antes oferecidos e por este mantidos junto àquela.

Ora, alguns fornecedores vêm-se tão empoderados ao ponto de se sentirem no direito de retaliarem consumidores que buscaram o Poder Judiciário para ver seus Direitos resguardados. Trata-se de verdadeira afronta ao próprio Poder Judiciário. Como pode o consumidor ficar sem serviços bancários e de crédito? Tal conduta, por parte das Instituições Financeiras, se não combatida pelo Poder Judiciário, pode levar a uma profunda crise e descrença por parte dos consumidores na Justiça e nos órgãos públicos incumbidos de promovê-la. Quando presente o elemento necessidade, a natural vulnerabilidade do consumidor agrava-se sobremaneira.

Nesse sentido, para proteger a legítima confiança depositada pelo consumidor no fornecedor – vez que outra alternativa não lhe resta –, inúmeros princípios, de cunho constitucional e infraconstitucional, explícitos ou implícitos, foram insculpidos, em nosso ordenamento jurídico, deles derivando as regras consumeristas cotidianamente invocadas em defesa dos consumidores.

Dentre eles, um dos que apresenta maior relevo e importância é, sem sombra dúvida, o princípio da Boa-Fé objetiva, inicialmente positivado nos arts. 4°, III, e 51, IV, ambos do Código de Defesa do Consumidor e posteriormente reproduzido no art. 422, do Código Civil.

Importante atentar para a definição trazida por Judith Martins Costa, para quem a Boa-Fé objetiva, tão logo positivada pelo legislador infraconstitucional na Lei n° 8.078/90, deixou de ser princípio, assumindo *status* de cláusula geral de direito, responsável pela aplicação e concretização de inúmeros princípios afetos às relações de consumo.

Há ainda doutrinadores, como Lísia Carla, que defendem que no sistema do Código de Defesa do Consumidor, a Boa-Fé objetiva ora se apresenta como cláusula geral de direito, como no caso do art. 51, IV, ora se apresenta como princípio interpretativo, como no caso do art. 4°, III.

Essas definições serão retratadas com mais detalhes adiante. Por ora, apenas para fins didáticos, faremos uso da expressão "Princípio", para designar a função da Boa-Fé objetiva enquanto reguladora geral de condutas no mercado de consumo e enquanto critério interpretativo das regras consumeristas explícitas e implícitas.

O princípio da Boa-Fé objetiva é aquela que se relaciona mais intimamente à confiança depositada pelo consumidor, tutelando-a por meio de deveres anexos de conduta impostos ao fornecedor de produtos e serviços em toda e qualquer contratação, independente de seu objeto. Nesse sentido, embora o núcleo obrigacional de cada contrato seja distinto, acarretando obrigações principais também distintas, os deveres anexos de conduta que orbitarão os mais diferentes núcleos de obrigações principais serão sempre os mesmos, por derivarem do dever de Boa-Fé objetiva. São eles os deveres de lealdade, cooperação, informação, clareza, dentre outros.

Importante observar que o Direito, enquanto sistema normativo incumbido da regulação das condutas humanas, não se preocupa com o foro íntimo nem com a intenção propriamente do fornecedor, mas tão somente com a externalização de suas intenções, ou seja, com sua atitudes e condutas.

Por outro lado, pouco importará a intenção do fornecedor em caso de dano ao consumidor, justamente porque o que importa são suas ações. Assim, tomando emprestado e adaptando o célebre provérbio[2] surgido no século I A.C., ao fornecedor não basta ser honesto, tem de parecer honesto. Pouco importa se o fornecedor está bem ou mal intencionado, o que importa é que suas condutas não violem a confiança depositada pelo fornecedor e não lhe causem prejuízos. Nesse sentido a Boa-Fé objetiva se distingue da Boa-Fé subjetiva, sendo apenas a primeira tutelada pelo Direito.

Assim, o princípio da Boa-Fé objetiva impõe ao Fornecedor o dever de agir em cooperação com o consumidor ao longo de toda a relação de consumo, resguardando seus interesses e contribuindo para o atingimento das expectativas legitimamente depositadas por este na relação de consumo. Para tanto, deve o Fornecedor atentar para a clareza, completude e objetividade das informações que presta ao consumidor. Deve se preocupar, ainda, em não omitir informações relevantes, que eventualmente possam desestimular o consumidor a contratar. É, em verdade, um agir refletido, levando em conta também os interesses da outra parte.

---

2 "À mulher de César não basta ser honesta, tem de parecer honesta". A célebre Expressão cunhada no século I A.C., faz referência ao episódio no qual um suposto admirador de Pompeia, esposa de Júlio César, um jovem patrício denominado Publio Clódio Pulcro, entra no Palácio, em meio a uma homenagem a Bona Dea ("boa Deusa"), disfarçado de mulher, com o objetivo de seduzi-la. A farsa foi descoberta e os cidadãos de Roma ficaram furiosos, tendo Clódio sido levado a julgamento. Durante o julgamento, César declarou que confiava na mulher e que tudo não passava de um boato. Clódio acabou, então, inocentado. Todavia, ainda assim, César se separou de Pompeia. Questionado sobre o motivo da separação, apesar de ter afirmado que confiava na fidelidade de sua esposa, César respondeu que à sua mulher não bastava ser honesta, devendo também parecer honesta, sob pena de macular sua imagem pública.

Se as relações negociais civis, celebradas entre partes iguais, devem ser regidas pela Boa-Fé objetiva, por força do disposto no art. 422, do Código Civil, que se dirá das relações de consumo, marcadas pelo natural desequilíbrio entre as partes.

Além disso, importante observar que os deveres anexos de conduta decorrentes do princípio da Boa-Fé objetiva independem da vontade das partes, não dependendo de qualquer previsão no instrumento contratual, nem tampouco podendo ser afastados por convenção entre as partes. Nesse sentido, *v.g.*, a normal insculpida no art. 51, I, do CDC, prevê como nula a cláusula contratual que impossibilite, exonere ou atenue a responsabilidade do fornecedor por vícios de qualquer natureza dos produtos e serviços ou impliquem renúncia ou disposição de direitos.

A observância à Boa-Fé objetiva é obrigação imposta ao Fornecedor antes, durante e após a contratação com o consumidor, vale dizer, este deve agir com lealdade e seriedade perante o consumidor no momento da oferta, da contratação e do pós-venda (assistência técnica e atendimento ao consumidor).

A relevância e inafastabilidade do princípio da boa-fé objetiva são retratadas com propriedade por Cristiano Heineck Schmitt, segundo o qual:

> Sendo a boa-fé uma fonte de constituição de deveres independente da vontade das partes, o conteúdo da relação obrigacional não se medirá por esta, mas sim pelas circunstâncias referentes ao caso concreto. O acordo de vontades continua sendo fonte de direitos e obrigações, porém essa prerrogativa é assumida também pela boa-fé, de forma que tanto esta como a vontade servirão para a interpretação das cláusulas conveniadas. Entretanto, em termos de Código de Defesa do Consumidor, o primeiro diploma legal brasileiro a tratar da boa-fé objetiva, várias hipóteses de deveres que normalmente decorrem da aplicação da boa-fé objetiva foram normatizados, podendo o julgador, em razão disso, fundamentar sua decisão na lei. (SCHMITT, 2010, p. 110)

O autor ainda destaca importantíssimo aspecto, qual seja, o fato de o Código de Defesa do Consumidor – Lei nº 8.078/90 – ter sido o primeiro diploma legal brasileiro a positivar o princípio da boa-fé, transplantando-o em sua natureza jurídica, de princípio para regra. Nesse sentido:

> A boa-fé, logicamente, será base de interpretação das relações obrigacionais com consumidores, porém, em termos de Código de Defesa do Consumidor, em face da positivação de deveres dela decorrentes, a fonte não será o princípio, mas sim a lei. (SCHMITT, 2010, p. 111)

Por outro lado, o princípio da Boa-Fé objetiva também pode ser utilizado enquanto base de interpretação das relações de consumo, circunstância fundamental à revisão de cláusulas abusivas ou demasiadamente onerosas, impostas pelo fornecedor ao consumidor no momento da contratação. Por vezes, o consumidor desconhece por completo inúmeros aspectos que marcarão o cumprimento das obrigações por ele assumidas na contratação ou, embora os conhecendo, os aceita, para não perder determinado desconto ou condição supostamente benéfica estabelecida pelo fornecedor e condicionada à imediata contratação.

Assim, toda vez que o intérprete ou aplicador do direito tiver que solucionar determinado caso concreto, que verse sobre relação de consumo, deverá sempre ter por pressuposto necessário a Boa-Fé objetiva.

Aliás, nesse aspecto reside uma característica sublime da Boa-Fé objetiva: esta pode ser invocada como fundamento da sentença pelo Juiz quando qualquer um dos deveres ou obrigações dela decorrentes for violado, esteja ele positivado ou não no ordenamento jurídico.

Essa característica eleva o princípio da Boa-Fé objetiva e o posiciona como um dos mais poderosos e efetivos na concretização e realização dos direitos dos consumidores. Isso porque mesmo aqueles direitos não positivados, poderão ser concretamente assegurados ao consumidor, pelo Poder Judiciário, por meio da Boa-Fé objetiva, a qual servirá de fundamento e fonte primária. E como forma de assegurar-lhe ainda mais a referida função, o legislador fez questão de positivá-lo, dando ao Poder Judiciário total segurança para utilizá-lo como fundamento para a aplicação de outros princípios e regras não positivadas, mas vigentes por decorrerem do dever geral de Boa-Fé imposto aos fornecedores.

Nesse sentido, preleciona Cristiano Schmitt: "A boa-fé será o fundamento da sentença ou do acórdão quando algum dever dela decorrente, exigível no caso concreto, não encontra enquadramento específico" (SCHMITT, 2010, p. 111).

Sobre a Boa-Fé objetiva já referimos, em artigo específico sobre o tema:

> O princípio da boa-fé objetiva prescreve às partes, além de uma atuação sem dolo perante a outra, uma atuação refletida, uma atuação refletindo, pensando no outro, cooperando e protegendo seus interesses. A boa-fé aqui tratada é a objetiva, consubstanciada na conduta externa da parte. Agir de boa-fé é agir honesta e lealmente perante a outra parte contratante. É informar-lhe, aconselhar-lhe, cuidar de seus interesses. A boa-fé objetiva é, pois, regra de conduta, possuindo eficácia e eficiência jurígena. É fonte criadora de direitos e de obrigações na esfera do Direito.
>
> A boa-fé objetiva se firma como princípio na jurisprudência alemã, sobretudo na comercial. Enquanto princípio de Direito a boa-fé objetiva tem funções, dentre as quais destacam-se: a função de concretização da relação, por ser a boa-fé o paradigma valorativo de toda e qualquer relação contratual, deve ela reger a criação e a interpretação dos contratos de consumo e também dos demais contratos regulados pelo novo Código Civil de 2002; função de limitação das condutas, uma vez que a boa-fé objetiva cria para as partes, no contrato, deveres anexos, deveres de conduta, deveres não relacionados diretamente à obrigação principal, mas sim, à forma de as partes cumprirem-na. As partes devem firmar e executar a obrigação principal com zelo, cooperação e preocupação com os interesses do *alter*. Esses deveres anexos limitam as condutas das partes, obrigando-as a se absterem de quaisquer comportamentos capciosos ou negligentes perante a outra parte, devendo, inclusive, cuidar de seus interesses; função de correção e adaptação em caso de mudança das circunstâncias. Há casos em que uma mudança das circunstâncias políticas, econômicas e até pessoais das partes fazem com que o equilíbrio contratual entre elas seja rompido. Nesse caso, o julgador, com base no princípio da boa-fé objetiva, pode adaptar e modificar o conteúdo do contrato de forma a evitar que o vínculo entre as partes seja rompido ou torne-se demasiadamente oneroso para uma delas, desde requerido pela parte. Além disso, o juiz pode, ao invés de modificar o conteúdo contratual, fazer com que as partes renegociem os termos do mesmo, também se requerido; função de autorização para a decisão por equidade. A boa-fé objetiva, sendo um princípio, precisa ser concretizada casuisticamente. O julgador, na hora de trazer a boa-fé para o caso

> concreto em apreço, deve fazê-lo expondo e justificando exaustivamente os fundamentos para a aplicação de tal princípio e deve aplicá-lo observando e zelando pela equidade contratual.
>
> A boa-fé objetiva também serve como limite ao exercício de direitos subjetivos. Um exemplo claro dessa limitação pode ser observado no conceito de Adimplemento Substancial. Com base na boa-fé objetiva a jurisprudência brasileira vem acolhendo tal conceito, advindo do sistema do Common Law. Ocorre Adimplemento Substancial quando a parte cumpre a sua obrigação substancialmente, próxima da sua totalidade, quase inteiramente. Impede-se que a parte exerça o direito de pedir a resolução do contrato nos casos em que a outra parte cumpriu a obrigação contratual próximo do resultado final, cumpriu-a substancialmente. Ocorrendo o adimplemento substancial da obrigação exclui-se o direito de resolução, permitindo apenas o pedido de adimplemento do restante e de perdas e danos. (AMORIM, 2013).

Vale notar o significativo avanço trazido pelo legislador quando positivou o princípio da Boa-Fé objetiva no texto legal da Lei nº 8.078/90. Os intérpretes e aplicadores do direito puderam, a partir desse marco, fundamentar não só as suas peças processuais, mas a própria sentença judicial, em disposição expressamente prevista na Lei.

Gradualmente, a jurisprudência vem reconhecendo a devida importância e abrangência ao princípio da Boa-Fé objetiva.

A jurisprudência do STJ, no REsp. 590.336, de Relatoria da Ministra Nancy Andrighi, teve a oportunidade de frisar: "Os princípios da boa-fé e da confiança protegem as expectativas do consumidor a respeito do contrato de consumo" (BRASIL, 2004)

Por essa razão, Neto (2013) explicita: "os negócios jurídicos de consumo, quaisquer que sejam, só existirão com validade se banhados pela boa-fé objetiva".

Assim, a boa-fé objetiva impõe o dever de informar bem e lealmente. A jurisprudência do STJ, no REsp 988.595, a esse respeito, sublinha:

> para além de constituir direito básico do consumidor, a correta prestação de informações revela-se, ainda, consectário da lealdade inerente à boa-fé objetiva e constitui o ponto a partir do qual é possível determinar a perfeita coincidência entre o serviço oferecido e o efetivamente prestado. (BRASIL, 2009).

A jurisprudência tem desenvolvido, em inúmeros casos, o conteúdo do princípio. Veja, a esse respeito, o REsp. 229.078, de relatoria do Ministro Ruy Rosado de Aguiar, *in verbis*:

> A empresa que explora plano de saúde e recebe contribuições de associado sem submetê-lo a exame, não pode escursar-se ao pagamento da sua contraprestação, alegando omissão nas informações do segurado. (BRASIL, 1999).

Em outro julgamento - AgRg no REsp 102.57.97 -, o STJ, também concretizando o princípio da Boa-Fé objetiva, dele extraiu regra não positivada no Código:

> a comissão de concessão de crédito, cobrada pela instituição financeira para fornecer crédito ao mutuário, incide apenas uma vez, no início do contrato. Qualquer outra cobrança do referido encargo é ilícita. A cobrança mensal do referido encargo viola preceitos de boa-fé objetiva, razão pela qual não deve ser admitida. (BRASIL, 2008).

Eis a importância fundamental do princípio da Boa-Fé objetiva, sua capacidade de fomentar e fundamentar a construção e a aplicação de regras não positivadas no sistema normativo de proteção ao consumidor, ampliando sobremaneira o escopo protetivo do sistema consumerista.

O princípio da Boa-Fé objetiva confere fluidez e agilidade às inovações constantemente necessárias à ampliação e efetivação da defesa conferida pela ordem jurídica aos consumidores. Se é certo que ao legislador é impossível prever e positivar todas as hipóteses passíveis de ocorrer ao longo das relações de consumo, a modificação constante do CDC ou a edição de legislações especiais demonstra-se como medida insuficiente e demasiadamente demorada para promover a defesa efetiva dos interesses dos consumidores.

A Boa-Fé objetiva, por sua vez, permite a modificação célere e ágil do ordenamento jurídico, independentemente de alterações materiais na Lei, adequando-o à natural velocidade das relações negociais, permitindo-o acompanhar as mudanças do mercado, e garantindo, assim, a rápida construção de regras aptas a assegurarem, no caso concreto, a proteção dos interesses dos consumidores. Trata-se, pois, de importante instrumento de defesa dos consumidores.

Por fim, o STJ foi além, cunhando a expressão boa-fé qualificada, a qual pressupõe os deveres de informação, cooperação e cuidado por parte do fornecedor perante consumidores em situação de vulnerabilidade extrema, tais como os consumidores de serviços de seguro saúde e assistência médica. Nesse sentido, destaca-se parte do julgado proferido pela Corte Superior no REsp 418.572, de relatoria do Min. Luis Felipe Salomão: "a operadora de plano de saúde está obrigada ao cumprimento de uma boa-fé qualificada, ou seja, uma boa-fé que pressupõe os deveres de informação, cooperação e cuidado com o consumidor/segurado" (BRASIL, 2009).

Todavia, muitos magistrados ainda apresentam certo receio em dar à Boa-Fé objetiva o sentido e o alcance defendidos por grande parte da doutrina. E, mesmo depois de positivado, o Princípio ainda vem sendo aplicado de forma bastante tímida pela maior parte dos juristas e intérpretes do direito.

Poucas vezes se vê uma sentença judicial ou até mesmo uma peça que fundamente suas razões diretamente na regra da Boa-Fé objetiva. Muitas vezes, faz-se um esforço hermenêutico enorme para se tentar fundamentar determinado entendimento, em busca de uma analogia ou enquadramento legal específico, quando, na verdade, bastaria a invocação da regra da Boa-Fé objetiva e de seu corolário, o postulado da confiança, para alcançar uma fundamentação suficiente e adequada.

Nesse sentido, Cristiano Scmitt demonstra claramente a extensão que pode atingir a fundamentação feita com base na boa-fé objetiva, levando o juiz a aplicar sanções distintas, inclusive, das inicialmente previstas nos dispositivos legais aplicáveis à espécie. Assim, utilizando a Boa-Fé como regra interpretativa balizadora da decisão judicial, o autor preleciona:

> Embora o *caput* do art. 51 do CDC mencione a nulidade como sanção jurídica (consequência) das cláusulas abusivas, o caso concreto pode levar o aplicador da lei a trabalhar com outra hipótese, considerando, inclusive, perdas e danos a favor do consumidor, impossibilidade da prestação por fatores supervenientes, ou, seguindo uma tendência inovadora, ineficácia. A multiplicidade de situações decorre, necessariamente, do fato de estarmos trabalhando com um sistema aberto (SCHMITT, 2010, p 112).

E, nesse aspecto, ressalve-se, em se tratando de sistema aberto, como dispõe o autor, devemos utilizar algumas regras e princípios balizadores, aptos a fundamentar qualquer digressão ou entendimento que defendermos. Em se tratando de relações privadas e, sobretudo, de consumo, a boa-fé objetiva e a confiança desempenham, pois, essa função, sendo aptas a fundamentar e embasar construções que não decorram diretamente do texto legal, mas que busquem o escopo almejado pelo texto legal.

Outro ponto importante, retratado inicialmente por Judith Martins Costa e muito bem exposto por Cristiano Schmitt, consiste na diferenciação cabível entre cláusulas gerais de direito e princípios gerais de direito. Nesse sentido veja-se:

> As cláusulas gerais, como a boa-fé objetiva, tal como expressa no Código de Defesa do Consumidor, concretizam princípios, que, positivados ou não, necessitam dessa concreção, permitindo 'a formação da norma não através da interpretação do princípio, mas pela criação, através da síntese judicial onde encontram como elemento de atuação fatos ou valores éticos, sociológicos, históricos, ou até mesmo soluções advindas da análise comparativista, atuando tais critérios tradicionalmente tidos como extralegais através das verdadeiras 'janelas' consubstanciadas em tais cláusulas (SCHMITT, 2010, p 114).

Assim, a Boa-Fé objetiva, com o advento do Código de Defesa do Consumidor, e em se tratando de relações de consumo, deixou de ser princípio e passou a ser regra concretizadora de princípios, denominada por Judith Martins Costa como cláusula geral de direito.

Por essa razão, Felipe Peixoto Braga Netto preleciona que muitos dos princípios extraídos do CDC são, em verdade, "aspectos mais peculiares da boa-fé objetiva", a qual os permeia a todo momento (NETO. 2013, p. 68).

Além disso, fundamental que se observe, a cláusula geral da boa-fé, nas relações de consumo, será a regra apta a concretizar e efetivar os princípios e garantias assegurados aos consumidores pela Constituição e pelo próprio Código de Defesa do Consumidor, quais sejam, o direito à informação correta e adequada quanto aos riscos e formas de utilização dos produtos e serviços, à assistência em caso de vício ou fato do produto ou do serviço, à proteção de sua saúde, segurança, incolumidade física e financeira, dentre inúmeros outros.

Destaque-se, ainda, que a boa-fé orientará não só a identificação e a punição de cláusulas contratuais abusivas, mas, também, de práticas abusivas.

Lísia Carla Vieira Rodrigues diferencia, ainda, momentos nos quais a boa-fé aparece como princípio e momentos nos quais a boa-fé aparece como cláusula geral no Código de Defesa do Consumidor, porém sempre tendo-a como critério interpretativo inafastável. Nesse sentido vejamos:

> O princípio da boa-fé constitui, ao lado do princípio da transparência, a base da Política Nacional das Relações de Consumo. Pretende harmonizar o progresso tecnológico com o interesse dos consumidores, aparecendo, aí como critério interpretativo e não como cláusula geral.
>
> (...)
>
> A boa-fé aparece no Código de Proteção e Defesa do Consumidor como cláusula geral na redação contida no art. 51, inciso IV, ensejando a nulidade daquelas que o desrespeitem. Como cláusula geral que é, permite ao magistrado o exercício do juízo axiológico no sentido de definir quais as obrigações em que se laborou contrariamente à boa-fé (RODRIGUES,. 2008, p. 64).

Lísia Carla também trata dos deveres anexos de conduta advindos da cláusula geral da Boa-Fé objetiva e dispõe que esta atingirá todas as fases da relação contratual. Nesse sentido:

> Como cláusula geral de conduta, expressamente mencionada no Código de Proteção e Defesa do Consumidor, exige a boa-fé o comportamento probo, leal e cooperativo das partes contratantes, no sentido do correto e justo adimplemento contratual, sem vantagens excessivas para cada uma das partes.
>
> (...)
>
> A boa-fé, pois, abraçará todas as fases do contrato, desde a pré até a pós-contratual (RODRIGUES, 2008, p. 64 e 65).

Quanto ao princípio da confiança, Lísia Carla associa seu surgimento à crescente complexidade das relações de consumo, com o consequente surgimento dos contratos de adesão. Nesse sentido destaca:

> Na verdade, o destinatário final relaciona-se hoje com complexos sistemas de produção e serviços cada vez mais impessoais, presumindo que os produtos sejam confeccionados e comercializados e os serviços prestados com a segurança e confiabilidade

indispensáveis à sua eficiência. Tal o princípio da confiança (RODRIGUES,. 2008, p. 59).

E concluiu Lísia Carla:

> Desta forma, os produtos e serviços colocados no mercado devem apresentar a confiança e segurança indispensáveis à adequada utilização pelo consumidor; parte flagrantemente vulnerável, atendendo às suas expectativas quanto aos fins que deles razoavelmente se esperam (RODRIGUES, 2008, p. 60).

O princípio da confiança é também chamado, pelo Professor Sérgio Cavalieri Filho, de "princípio da segurança"[3].Nesse sentido, o princípio da confiança encontra-se intimamente relacionado à Boa-Fé objetiva, desempenhando a função de tutelar a confiança legitimamente depositada pelo consumidor no fornecedor de produtos e serviços.

Conforme já mencionado, as relações de consumo são marcadas pela desigualdade fática entre os contratantes. No contexto dos contratos de consumo, a vulnerabilidade do consumidor face ao fornecedor é evidente. O raciocínio é simples: em razão do alto nível de complexidade das cadeias produtivas e negociais que circundam a produção e comercialização dos produtos e serviços atualmente, com a existência de conglomerados econômicos formados por inúmeras empresas, onde não se sabe onde começa a responsabilidade de uma e termina a da outra, aliado à descentralização da cadeia produtiva, com diferentes componentes do produto sendo produzidos em diversas partes do mundo, resta quase impossível ao consumidor ter acesso a dados essenciais para orientar sua vontade de contratar.

Nesse sentido, o consumidor adquire produtos que ele desconhece como são produzidos, por quais empresas seus componentes são fornecidos, quem são os donos da empresa que faz a montagem do produto final etc. Quando muito, o consumidor conhece apenas o estabelecimento que comercializa o produto ou a marca à qual este é associado com o intuito de transmitir-lhe confiabilidade e credibilidade.

A esse respeito, já se trabalhou a questão da confiança enquanto elemento indispensável à concretização da relação de consumo e

---

3 CAVALIERI FILHO, Sérgio. O DIREITO DO CONSUMIDOR NO LIMIAR DO SÉCULO XXI. Revista Trimestral de Direito Civil, v. 2, abril./jun. 2000.

como fator determinante na escolha do fornecedor pelo consumidor. Trabalhados também o sentido e o alcance da Boa-Fé objetiva, enquanto mecanismo capaz de assegurar efetiva proteção à confiança depositada pelo consumidor no fornecedor. A questão que se coloca agora é: o que acontece, então, quando a confiança legitimamente depositada pelo consumidor é quebrada pelo fornecedor?

Nesse caso, o fornecedor poderá, pela mesma prática, ser responsabilizado nas três esferas, administrativa, civil e criminal, cabendo lembrar que as sanções delas decorrentes poderão ser aplicadas cumulativamente. Esse tema será trabalhado em outra oportunidade.

Assim, duas perguntas devem ser respondidas para se saber se o fornecedor será responsabilizado perante o consumidor: I) A confiança depositada pelo consumidor foi quebrada? II) A confiança rompida era legítima e albergada pela Lei? Isso porque, nos casos em que não haja surgido a confiança, não haverá que se falar em quebra desta e, consequentemente, em responsabilização do fornecedor.

Assim, mais uma vez para ilustrar, peguemos dois exemplos. No primeiro, uma companhia aérea anuncia uma passagem aérea de ida e volta no trecho Belo Horizonte – Rio de Janeiro por R$ 69,90 (sessenta e nove reais e sessenta centavos). No segundo, uma determinada fabricante de automóveis anuncia em seu site eletrônico um determinado veículo por R$ 1,00 (um real). Imaginemos que, em ambos os exemplos, as empresas, após o anúncio e compra dos produtos por alguns consumidores, se neguem a contratar, ao argumento de que houve um erro de digitação quando do anúncio das ofertas.

No primeiro caso, a Companhia Aérea poderá ser compelida, pelo Poder Judiciário, a vender ao consumidor as passagens pelo preço anunciado na promoção – R$ 69,90. No segundo não. Por que a diferença? A resposta, mais uma vez, está na confiança.

No primeiro caso, a oferta realizada era razoável e capaz de incutir no consumidor certa seriedade e confiança de que era verídica. Assim, o erro arguido pela empresa, ainda que verdadeiro, não a exime da responsabilidade, vez que a confiança foi legitimamente formada no âmago do consumidor. E, sempre que legitimamente formada a confiança, esta não poderá ser rompida por culpa exclusiva do fornecedor, sob pena de aplicação das sanções acima enumeradas.

Já no segundo caso, o erro na oferta é grosseiro e evidente. Nenhum consumidor de boa-fé irá acreditar na veracidade de uma publicidade que anuncie um automóvel por R$ 1,00. Nesse caso, o erro da Empresa ao confeccionar o anúncio é evidente e não tem o condão de gerar confiança ao consumidor, o qual não poderá, portanto, requerer ao Poder Judiciário que force a Empresa a contratar nos termos da oferta veiculada. Pode-se perceber, portanto, que o princípio da Boa-Fé objetiva é aplicável tanto aos fornecedores quanto aos consumidores, balizando suas condutas e eventuais pretensões.

Por fim, questão intrincada que se coloca é a referente à responsabilização do Fornecedor Pessoa Jurídica. Nesse sentido, para melhor elucidação, cabível breve digressão acerca do funcionamento dos principais sistemas normativos.

Existem, basicamente, quatro principais sistemas de regramento e conformação das condutas humanas: a Moda, a Religião, a Moral e o Direito. A Moda, o faz mediante a criação e a divulgação de estilos, roupas, penteados e *hobbies,* tidos como "populares" ou "exclusivos", e que devem ser seguidos e reproduzidos pela sociedade. Aqueles que não adequam seu comportamento aos ditames da moda são hostilizados, isolados e descriminados pelos demais. São tidos como indivíduos "fora do quadrado". E, fato é que, a sociedade contemporânea tende a não enxergar com "bons olhos" aqueles indivíduos que estão "fora do quadrado".

Já a Religião, conforma e padroniza as condutas humanas por intermédio de uma recompensa e de uma punição *post mortem,* vale dizer, por meio de um prêmio ou de uma punição reservadas ao indivíduo para depois de sua morte, os quais serão condicionados por sua conduta em vida, se conforme ou não aos ditames e mandamentos religiosos.

A Moral, por sua vez, encontra-se intimamente relacionada aos valores internamente alimentados pelo indivíduo. Diz respeito à tríplice estrutura humana denominada por *Freud* de Ego, Superego e Id. A Moral trabalha com valores e princípios profundamente enraizados na *psique* do indivíduo e por ele internalizados conforme o meio social em que vive, o tipo de criação que recebeu e as influências culturais que o cercam. A Moral dita regras que conformam a conduta do indivíduo conforme a visão que este tem de si mesmo. Assim, um indivíduo que se tem por bom e justo, tende a pautar suas condutas por esses valores, independente das regras externas impostas pelo Estado e experimenta sofrimento psíquico intenso ao adotar ações ou até mesmo pensamentos que transgridam ou violem a imagem que tem de si próprio. A Moral, portanto, preocupa-se com as atitudes do indivíduo já em sua concepção e planejamento internos, intentando conformar não apenas suas ações, mas seus pensamentos. É muito comum que as regras moralmente impostas pelos valores sociais e culturais da sociedade se choquem brutalmente com o instinto e a pulsão do indivíduo. Não por outra razão, *Marcuse* aprofundou a análise a respeito do sofrimento humano decorrente do confronto entre o homem selvagem e o homem civilizado. A hercúlea tarefa imposta ao homem civilizado de ter de conformar seus comportamentos e reprimir suas vontades em prol dos valores moralmente construídos, tendo, muitas vezes, de negar seus próprios instintos e emoções, causa-lhe inegável sofrimento. As regras morais internalizadas pelo indivíduo fazem com que este próprio se puna por seus pensamentos, caso imorais. Por essa razão muitos estudiosos afirmam que o processo civilizatório se dá às custas do sacrifício humano.

Todavia, nenhum desses sistemas é tão eficaz e bem sucedido na planificação de comportamentos humanos quanto o Direito. O Direito nada mais é do que um conjunto de normas jurídicas, editadas por uma Autoridade Estatal competente, destinadas à planificação de comportamentos e instituições. Sua força advém, sobretudo, de sua coercibilidade. As normas editadas pela Autoridade, muitas vezes são acompanhadas de sanções. São as normas às quais *Kelsen* denominou primárias. As sanções, por sua vez, podem ser punitivas, quando o Estado deseja que os indivíduos se abstenham de determinada prática, ou premiais, quando a vontade do Estado é incentivar determinada atitude ou postura. Além disso, a sanção imposta pelo Direito, ao contrário daquela prometida pela Religião, vale aqui e agora. Assim, o indivíduo transgressor de determinada norma jurídica, sofrerá a ira do Estado, o qual o privará de sua liberdade, de seus bens ou de seus recursos, como forma de penalizá-lo por sua conduta ilícita. É, pois, com base nesses sistemas, que refletem, em verdade, os valores e princípios que vigem em determinada sociedade, em determinada época, que os indivíduos se organizam e estabelecem o funcionamento da vida em sociedade, sempre buscando a organização das relações de produção de bens e de satisfação de necessidades.

Surgida nos Estados Unidos, a Corporação ou Pessoa Jurídica, é uma ficção criada pelo Direito, a qual permite a união de inúmeras pessoas naturais e de recursos em torno de um objetivo comum. Antigamente, eram constituídas para a consecução de determinada finalidade, em prol do bem comum. Necessitavam de autorização do Estado para se constituírem e operarem, extinguindo-se tão logo atingida a finalidade para a qual haviam sido constituídas. A Suprema Corte Americana reconheceu, inclusive, às Pessoas Jurídicas, os mesmos direitos reconhecidos às Pessoas Naturais, tais como o direito de serem proprietárias de bens móveis e imóveis, de operarem em nome próprio, de possuírem um nome próprio, de possuírem responsabilidade própria, distinta da de seus acionistas, dentre outros. Com o tempo, a experiência, bem sucedida, acabou por ser expandida, com a criação de Pessoas Jurídicas para os mais diversos fins e sem prazo específico de funcionamento.

A Pessoa Jurídica, sem dúvida alguma, foi uma das criações mais engenhosas e interessantes do Homem. Seus benefícios são evidentes. Todavia, algumas de suas características merecem atenção e cautela.

Primeiramente, a Pessoa Jurídica, sendo uma pessoa distinta da de seus sócios e acionistas, acaba por ter vida própria, desígnios próprios, os quais, por óbvio, se orientarão em torno, basicamente, da busca pelo lucro. A Pessoa Jurídica, em sua feição moderna e contemporânea, é desenhada para gerar lucro e dividendos a seus sócios e acionistas. E não há nada de errado até aí. Nesse processo de busca pelo lucro, a Empresa gera empregos, distribui renda, paga tributos, gera inovação tecnológica e satisfaz necessidades de consumo.

Ocorre que a Pessoa Jurídica não possui uma alma a ser salva (Religião) ou liberdade a ser privada (Direito). Nem tampouco pauta suas ações por valores e princípios morais. Nesse sentido, os sistemas normativos, preocupados, sobretudo, com as condutas e pensamentos humanos, se mostram insuficientes a regrarem o comportamento dos fornecedores pessoas jurídicas, tendo o Direito enfrentado certa dificuldade em impedir que os consumidores sejam cotidianamente lesados e desrespeitados em prol de uma busca incessante e desmedida por lucro pelas corporações.

A atuação amoral da Pessoa Jurídica lhe permite ignorar tudo o que não lhe gere lucro, externalizando custos e penalizando terceiros que sequer estão envolvidos ou são beneficiados por suas operações negociais. Em prol dos lucros e dividendos de seus acionistas, a Empresa se torna uma estrutura projetada para buscar o incremento dos ganhos e a redução das despesas a qualquer custo. E, obviamente, quem sofre com isso são os consumidores. Basta ver o número de ações judiciais promovidas por consumidores cotidianamente lesados, os quais são privados dos bens e serviços mais básicos e essenciais, tais como energia elétrica, água, atendimento médico e telefonia, muitas vezes de forma absolutamente ilegal, não recebendo, por parte do fornecedor, qualquer auxílio ou informação.

E pior. Por vezes, os prejuízos suportados pelo consumidor são provocados de forma intencional e calculada pelo Fornecedor, como forma de aumentar seus ganhos, mais uma vez externalizando custos. Assim, concessionárias de serviços de telefonia continuam vendendo seus serviços sem investir na ampliação de sua infraestrutura, piorando a cada dia o serviço que prestam a seus consumidores. Operadoras de planos de saúde aumentam desmesuradamente suas mensalidades quando seus consumidores estão próximos de atingir a condição de idosos – 60 anos -, no intuito de forçá-los a se desligarem do Plano, justamente por estarem mais propensos a necessitarem do serviço contratado. Inúmeras Empresas utilizam Serviços de Atendimento ao Consumidor (SAC's) extremamente ineficientes, com funcionários sem qualquer treinamento, autonomia ou preparo para lidar com os consumidores, no intuito de reduzir custos e de, em alguns casos, propositadamente, dificultar a resolução das demandas trazidas pelos consumidores. São sistemas que parecem ter sido planejados para perpetuar os problemas vivenciados pelos consumidores, dificultando, sobremaneira, sua resolução pela via extrajudicial. Inúmeros são, pois, os abusos sofridos pelos consumidores cotidianamente.

Lado outro, quem sofre os danos causados por grandes empresas ao meio ambiente? Quem suporta os males advindos da poluição do ar, dos rios e mares e do uso desmesurado de agrotóxicos em plantações? Por óbvio, o consumidor.

Por essa razão, a Empresa constituirá invenção altamente benéfica à sociedade, desde que suas atividades se submetam a certa regulação e controle por parte do Estado.

As dificuldades do Direito em regular as condutas das Empresas são inúmeras e já foram aqui retratadas. Todavia, certo é que apenas o Direito consegue exercer certa regulação sobre a Pessoa Jurídica, impedindo que esta seja utilizada para fins socialmente indesejáveis. Por outro lado, o Direito conforma suas condutas, basicamente, por meio de sanções pecuniárias. Multas astronômicas vêm sendo aplicadas às Empresas que insistem em não cumprir a sua função social, lesando consumidores e cidadãos.[4] A desconsideração da personalidade jurídica também vem se mostrando instrumento bastante eficaz na efetivação das sanções aplicadas.

Nesse sentido, pode-se perceber uma nova tendência nas relações de consumo, consistente na busca por Fornecedores engajados com valores como preservação do meio-ambiente, desenvolvimento econômico e social, redução das desigualdades, sustentabilidade e adoção de processos produtivos sustentáveis, respeito aos direitos do consumidor e compromisso com a informação e assistência adequada a estes, sobretudo no pós venda.

O consumidor tem, cada vez mais, guiado sua escolha acerca de qual produto adquirir tendo por base o comportamento do Fornecedor perante todos esses valores ligados ao meio ambiente e à sociedade. O consumidor tem, cada vez mais, se preocupado com o grau de engajamento do Fornecedor com o meio em que este atua e com o grau de respeito que este demonstra aos direitos de seus consumidores.

A tendência é que empresas preocupadas com um bom atendimento pré e pós venda, que possuam iniciativas voltadas à preservação do meio ambiente e que apoiem projetos ligados a inclusão social e

---

[4] O tema acerca da dificuldade em se regular o comportamento das Pessoas Jurídicas é muito bem retratado no documentário canadense "The Corporation", gravado e exibido em 2003. O documentário foi produzido pelo Professor de Direito da University of British Columbia, Joel Bakan, e dirigido por Mark Achbar e Jennifer Abbot.

a redução das desigualdades, encontrem cada vez mais espaço nesse novo mercado de consumo que se desenha. Por outro lado, as empresas ainda presas a um *modus operandi* próprio do século passado, preocupadas apenas com os lucros de seus acionistas, tendem a perder competitividade e a desaparecer. A inovação é fator determinante para a manutenção da competitividade.

O consumidor do Século XXI, cada vez mais engajado e consciente de seus direitos, vem desenhando um novo ambiente para o desenvolvimento das relações de consumo. Empresas que não estiverem preparadas para atender às novas expectativas destes consumidores estarão fadadas ao insucesso. Inúmeros fatores além do 'menor preço' vêm se tornando cada vez mais decisivos na escolha, pelo consumidor, de qual produto ou serviço adquirir. Os consumidores vêm se mostrando cada vez mais interessados em conhecer o fornecedor, para além apenas do produto ou serviço.

Por outro lado, sendo o Direito um mecanismo social, que reflete a cultura e os valores vigentes em determinada sociedade em determinado período histórico, este se encontra em constante reconstrução e atualização a partir das mudanças de comportamento experimentadas pela sociedade. É um processo de constante evolução. Assim, por óbvio, o Direito não resta inerte diante dessas mudanças, adaptando-se e acompanhando as mudanças experimentadas no cenário das relações de consumo, com o surgimento de novas regras e princípios cada vez mais sofisticados. O desafio é, pois, a difusão destas regras e princípios, de modo a conscientizar todos os consumidores acerca de seus direitos.

Por outro lado, a ampliação do alcance e do significado que vêm sendo conferidos pela Doutrina e pela Jurisprudência à Boa-Fé objetiva é capaz de possibilitar uma nova perspectiva ao Direito do Consumidor, com o constante aprimoramento e incremento da proteção conferida aos consumidores, sem a necessidade de se criar um corpo agigantado, complexo e esparso de normas positivadas para tanto.

Consumidores mais conscientes de seus direitos são capazes de verdadeiramente se autodeterminarem, guiando a sua vontade para a satisfação plena de seus interesses nas relações de consumo. Direitos e informação, são, pois, o binômio que possibilitará novos tempos nas relações de consumo.

3. CONCLUSÃO

Diante de todo o exposto, é possível vislumbrar-se novas perspectivas para o Direito do Consumidor no Brasil, fundadas na utilização de normas de espectro mais amplo e fluido, capazes de alterarem o ordenamento jurídico sem necessidade de maiores alterações materiais, as quais dependeriam do devido processo legislativo, o qual guarda sua devida morosidade, incompatível com as relações negociais de consumo.

Nesse cenário de mudanças e novas perspectivas, a Boa-Fé objetiva desempenha papel fundamental, sendo a norma através da qual o intérprete e o aplicador do Direito poderão exercitar a hermenêutica jurídica em sua amplitude, dela exsurgindo as mais variadas normas, implícitas ou explícitas, aptas à tutela concreta e atualizada dos interesses dos consumidores.

E mais, conforme visto, os deveres anexos de conduta, decorrentes da Boa-Fé objetiva, permitem que em toda e qualquer relação negocial de consumo, independentemente do núcleo obrigacional principal, o fornecedor seja obrigado a bem informar o consumidor, a com ele cooperar e a agir em seu interesse, com lealdade e respeito. Exige-se o comportamento probo.

Um consumidor bem informado, por sua vez, será um consumidor apto a autodeterminar-se, sem embaraços ou erros, guiando, de fato, a sua vontade de contratar no sentido da satisfação de suas necessidades.

4. REFERÊNCIAS

AMORIM, Bruno de Almeida Lewer. Autonomia da Vontade, Autonomia Privada e Boa Fé Objetiva: O Primado das Cláusulas Gerais de Direito (Estudos em Homenagem à Professora Míriam de Abreu Machado e Campos) – **Jornal das Faculdades Milton Campos** – n.ª 167 – Ano XIX – Belo Horizonte, Junho de 2013.

BENJAMIN, Antonio Herman V.; MARQUES, Cláudia Lima; BESSA, Leonardo Roscoe. **Manual de Direito do Consumidor**. 5ª Edição. São Paulo: Revista dos Tribunais. 2013

BRASIL, Código de Defesa do Consumidor (1990). Código de Defesa do Consumidor *In*: YUSSEF, Said Cahali. **Mini Códigos Civil**. 15ª Edição. São Paulo: Revista dos Tribunais. 2013.

BRASIL, Superior Tribunal de Justiça. REsp. 590.336, Rel. Min. Nancy Andrighi, 3ª T. **Diário de Justiça**, Brasília, 01 de fevereiro de 2005.

BRASIL, Superior Tribunal de Justiça. REsp 988.595, Rel. Min. Nancy Andrighi, 3ª T. **Diário de Justiça**, Brasília, 09 de dezembro de 2009.

BRASIL, Superior Tribunal de Justiça. REsp. 229.078, Rel. Min. Ruy Rosado de Aguiar, 4ª T. **Diário de Justiça**, Brasília, 07 de fevereiro de 2000.

BRASIL, Superior Tribunal de Justiça, AgRg no REsp 102.57.97, 3ª T. **Diário de Justiça**, Brasília, 20 de junho de 2008.

BRASIL, Superior Tribunal de Justiça, REsp 418.572, Rel. Min. Luis Felipe Salomão, 4ª T. **Diário de Justiça**, Brasília, 30 de março de 2009.

CAVALIERI FILHO, Sérgio. O Direito do Consumidor no Limiar do Século XXI. *In*: **Revista Trimestral de Direito Civil**, v. 2, São Paulo, abril./jun. 2000.

MIRAGEM, Bruno. **Curso de Direito do Consumidor**. 4ª Edição. Editora Revista dos Tribunais: São Paulo. 2013.

NETO, Felipe Peixoto Braga. **Manual de Direito do Consumidor à luz da jurisprudência do STJ**. 9ª Edição. Salvador: *Jus Podivm*. 2013.

RODRIGUES, Lísia Carla Vieira. **O Código de Proteção e Defesa do Consumidor e o Novo Código Civil**. 1ª Edição. São Paulo: Lumen Juris. 2008.

SCHMITT, Cristiano Heineck. **Clausulas Abusivas nas Relações de Consumo**. 3ª Edição. São Paulo: Revista dos Tribunais. 2010.

ASSOCIAÇÕES DE PROTEÇÃO VEICULAR: INCIDÊNCIA DO CÓDIGO DE DEFESA DO CONSUMIDOR

Plínio Augusto Loureiro Francisco[1]

INTRODUÇÃO

Para efetivar a proteção ao consumidor trazida pela Constituição Federal de 05 de outubro de 1988, em seu artigo 5°, inciso XXXII, foi promulgada e publicada a Lei nº 8.078 de 11 de setembro de 1990, denominada como Código de Defesa do Consumidor.

O Código de Defesa do Consumidor, norma de ordem pública e de interesse social, caracteriza-se como um microssistema jurídico que tutela a relação entre o fornecedor e o consumidor, atribuindo, expressamente, a vulnerabilidade deste perante aquele, em uma clara aplicação do princípio da isonomia, previsto no artigo 5°, caput e inciso I, da Constituição Federal de 1988.

Ocorre que inúmeras associações passaram a ser instituídas com a finalidade precípua de prestar proteção aos veículos de seus associados contra danos, fomentando assim concorrência com as sociedades empresarias securitárias.

Deslumbrados por valores mais viáveis, muitos consumidores optam pelos serviços oferecidos por estas associações, sem, no entanto, terem o conhecimento de que essa opção lhes tornarão, em tese, associados e não contratantes.

---

1 Advogado. Pós-graduado em Direito Civil e Processo Civil. Membro da Comissão de Defesa do Consumidor da OAB/MG.

Todavia, o observado é que essas entidades nada mais são do que típicos fornecedores de produtos e de serviços travestidos pelo instituto da associação, com o objetivo de burlar a incidência do sistema protetivo do consumidor.

Assim, em que pese serem formalmente entidades associativas, são de fato fornecedores de produtos e de serviços, devendo prevalecer o microssistema jurídico, o Código de Defesa do Consumidor.

2. DA LEGISLAÇÃO APLICÁVEL À ATIVIDADE SECURITÁRIA VEICULAR NO BRASIL

O Código Civil de 2002 (CC/02), em seus artigos 752 a 802, dispõe sobre normas gerais quanto ao contrato de seguro, que se aplicam às mais diversas modalidades securitárias existentes, como de bens, de pessoas, de responsabilidade civil, dentre outros.

Contudo, antes da vigência do CC/02, foi publicado, em nosso ordenamento jurídico, o Decreto-lei nº73 de 1966 que regulamenta as atividades securitárias privadas no Brasil, sem que, entretanto, houvesse qualquer antinomia entre a norma anterior e o CC/02.

Tal decreto dispõe sobre o Sistema Nacional de Seguros Privados, além de regular as operações de seguros e de resseguros, estabelecendo em seu artigo 1°: "Todas as operações de seguros privados realizados no País ficarão subordinadas às disposições do presente Decreto-lei". (BRASIL, Decreto-lei nº73, 1966)

Por se tratar de uma norma de eficácia plena e de aplicação imediata, com efeitos *erga omnes,* as operações que envolvam seguros privados, mesmo que sobre outras denominações, devem respeitá-la e cuja inobservância acarreta ilegalidade.

Em seu artigo 8º, o Decreto-lei 73/66 dispõe sobre a constituição do Sistema Nacional de Seguros Privados, informando que se compõe, dentre outros entes, da Superintendência de Seguros Privados (SUSEP).

A SUSEP é uma autarquia federal, vinculada ao Ministério da Indústria e do Comércio, responsável pela fiscalização da constituição, organização e operação das Sociedades Seguradoras.

No exercício de suas atribuições, a SUSEP expediu a Circular nº 269 de 2004 que estabelece, altera e consolida as regras e os critérios complementares de funcionamento e de operação dos contratos de seguros de automóveis, com inclusão ou não, de forma conjugada, da cobertura de responsabilidade civil facultativa de veículos e/ou acidentes pessoais de passageiros.

Essa Circular, além de definir regras específicas para o seguro automotivo, informa em seu artigo 2°, sobre a aplicação, em tais seguros, de todas as disposições da Circular SUSEP nº 256 de 2004. Tal texto, por sua vez, pontua sobre a estruturação mínima das condições contratuais e das notas técnicas atuariais dos contratos de seguros de danos em geral.

Assim, no que tange à proteção securitária veicular, deve-se observância ao Decreto-lei 73/66, às Circulares 256 e 269, ambas de 2004, e ao Código Civil naquilo em que for cabível.

3. DAS PESSOAS JURÍDICAS AUTORIZADAS À ATIVIDADE DE SECURITI-ZAÇÃO VEICULAR

Quanto às pessoas jurídicas autorizadas a exercer a atividade securitária de proteção veicular, o Decreto-lei 73/66 dispõe em seu artigo 8° que, além da SUSEP e de outros entes, o Sistema Nacional de Seguros Privados é composto pelas sociedades autorizadas a operar em seguros privados.

Essa mesma norma reserva um capítulo – do artigo 72 ao 88 – específico acerca das sociedades empresárias seguradoras. Ponto importante quanto às sociedades seguradoras, encontra-se no parágrafo único do artigo 72, na qual se impõe a aplicação do artigo 25 da Lei 4.595 de 1964.

A Lei 4.595/64 dispõe sobre a Política e as Instituições Monetárias, Bancárias e Creditícias, além de criar o Conselho Monetário Nacional e dar outras providenciais. A análise, todavia, atrelar-se-á somente ao artigo 25 da Lei 4.595/64, o qual pontua a forma como a sociedade empresarial seguradora deve ser constituída.

Neste diapasão, as sociedades empresariais securitárias devem ser constituídas, necessariamente, sobre a modalidade de uma sociedade anônima, cuja totalidade de seu capital com direito a voto deve ser representado por ações nominativas.

Ademais, essas sociedades, depois de constituídas, somente poderão atuar na área de seguro veicular por meio da autorização do Ministério da Indústria e do Comércio, expedida por portaria.

Expedida a portaria ministerial, inicia-se o prazo de 90 dias para que as sociedades empresariais comprovem para a SUSEP o cumprimento de todas as formalidades legais ou das exigências relacionadas no ato ministerial. Uma vez comprovadas as exigências, o Ministério da Indústria e do Comércio emitirá uma carta-patente autorizando o exercício da atividade securitária.

Contudo, em sentido oposto ao apresentado alhures, as associações civis pugnam pelo exercício da atividade securitária com fulcro no artigo 5°, inciso XVII, da Constituição da República que dispõe sobre as associações em geral e dispõe que "é plena a liberdade de associação para fins lícitos, vedada a de caráter paramilitar." (VADE MECUM, Constituição Federal, 2013. p.23).

Assim, com fundamento nesse permissivo constitucional, as associações de proteção veicular vêm alegando a legalidade da sua atividade, aduzindo, inclusive, que não oferecem serviço de seguro para os seus associados, sendo que a atividade desenvolvida por elas não se confunde à securitização.

Porém, conforme a ser fundamentado em seguida, não obstante diferenças terminológicas, as associações oferecem efetivamente o serviço de securitização automobilística para seus associados, mesmo exercendo uma atividade para a qual não estão legalmente autorizados.

4. DAS ASSOCIAÇÕES DE PROTEÇÃO VEICULAR E O CÓDIGO DE DEFESA DO CONSUMIDOR

Partindo-se da premissa de que somente pessoas jurídicas constituídas sob a modalidade de sociedade anônima podem oferecer a proteção veicular contra sinistros, roubos e congêneres – como deve ser analisada a relação firmada entre a associação e o associado – as associações não podem oferecer atividades securitárias, já que possuem uma constituição jurídica diversa da exigida legalmente. Porém, em que pese este fato, a relação firmada entre associados e associação não pode ser considerada como ilegal, írrita ou nula.

Isso porque a ilegalidade deve ser analisada sob o enfoque do exercício da atividade e não da constituição da associação, de forma que o ato de disponibilizar esta modalidade de serviço a todos aqueles que se associarem é que contraria o ordenamento jurídico.

Mesmo porque se entender-se que a ilegalidade da associação encontra-se em sua constituição ou no seu objeto estar-se-á prejudicando, por via reflexa, o associado-consumidor que, de boa-fé, assina o termo de adesão com o objetivo de ter a proteção do seu veículo automotor e, por contiguidade, autorizando o enriquecimento indevido da associação.

Assim, demonstrou-se que a relação firmada entre associado e associação deve ser mantida, cabe analisar agora a real natureza jurídica do vínculo jurídico formado entre as partes.

Ao se associar, o cidadão assina um termo no qual aceita as condições constantes no estatuto social e nos demais regulamentos dessa pessoa jurídica, mediante o pagamento de uma mensalidade a título de manutenção administrativa, acrescida de uma quantia, normalmente denominada de taxa de rateio, que, em contrapartida, compromete-se a proteger o veículo do associado contra avarias, roubos e congêneres.

Em que pese na nomenclatura utilizada no documento assinado pelo associado, bem como nas parcelas mensais pagas, o Código Civil de 2002, em seu artigo 112, estabelece que: "Nas declarações de vontade se atenderá mais à intenção nelas consubstanciada do que ao sentido literal." (VADE MECUM, Código Civil, 2013, p.146).

Esclarecendo a extensão interpretativa do supracitado artigo, nos ensina Flávio Monteiro de Barros que:

> O intérprete deve partir de dados objetivos consubstanciados no negócio jurídico, buscando-se, a partir daí, a real intenção dos declarantes, atento para a confiança que o conteúdo material do ato despertou no destinatário e na responsabilidade do declarante. (BARROS, 2005, p.217)

O Código Civil de 2002 ainda traz expressamente a utilização da boa-fé na interpretação dos negócios jurídicos, em seu artigo 113, que assim dispõe: "Os negócios jurídicos devem ser interpretados conforme a boa-fé e os usos do lugar de sua celebração" (VADE MECUM, Código Civil, 2013, p.146).

O Código de Defesa do Consumidor, seguindo a linha axiológica do Código Civil de 2002, pontua notadamente em seu artigo 4°, inciso III, o princípio da boa-fé objetiva. No que tange a esta norma principiológica, elucidativo é o ensinamento de Leonardo de Medeiros Garcia:

> Em outras palavras, a boa-fé objetiva constitui um conjunto de padrões éticos de comportamento, aferíveis objetivamente, que devem ser seguidos pelas partes contratantes em todas as fases da existência da relação contratual, desde a sua criação, durante o período de cumprimento e, até mesmo, após a sua extinção. (GARCIA, 2009, p.44)

Juntamente com a previsão expressa do princípio da boa-fé objetiva estão os preceitos da vulnerabilidade do consumidor, do equilíbrio nas relações de consumo e da coibição e repressão aos abusos praticados no mercado de consumo, todos inseridos no art.4° do Código de Defesa do Consumidor, que trata da Política Nacional das Relações de Consumo.

No que tange ao equilíbrio nas relações de consumo, ensina Garcia (2005, p.43) que "O equilíbrio nas relações de consumo é um dos valores fundamentais presentes no sistema de proteção contratual. A busca pela relação equilibrada deve sempre nortear o magistrado no caso concreto".

Há de se ressaltar que o Código de Defesa do Consumidor, ao definir, no art. 3°, §2°, quais são os serviços prestados pelo fornecedor, relacionou expressamente a figura da atividade securitária: "Serviço é qualquer atividade fornecida no mercado de consumo, mediante remuneração, inclusive as de natureza bancária, financeira, de crédito e securitária, salvo se decorrentes das relações de caráter trabalhista." (VADE MECUM, Código de Defesa do Consumidor, 2013, p.567).

Assim, ao se interpretar sistematicamente os preceitos acima pontuados, conclui-se que o cidadão, no ato de assinar o termo de adesão, não o faz com o intuito de se associar, mas sim, com o objetivo de celebrar um contrato que objetiva a proteção do seu automóvel em caso de avarias, roubos e congêneres, mediante o pagamento de uma contraprestação financeiramente mais atrativa, cuja atividade oferecida pela associação é um típico serviço disponível no mercado de consumo.

Portanto, o termo assinado pelo associado possui a natureza jurídica de um contrato de seguro, da mesma maneira que as mensalidades pagas apresentam a mesma natureza do prêmio pago à seguradora pelo segurado, razão pela qual deve ser desnaturada a relação jurídica associativa e enquadrá-la como contratual.

Destarte, encontram-se bem definidos os elementos da relação de consumo, quais sejam consumidor, fornecedor e serviço prestado no mercado de consumo, nos moldes descritos no Código de Defesa do Consumidor.

Tratando-se de uma relação de consumo, não se pode olvidar que a análise do termo assinado pelo associado e do regimento interno deve observância ao artigo 47 do *codex* consumerista no qual se estabelece: "As cláusulas contratuais serão interpretadas de maneira mais favorável ao consumidor." (VADE MECUM, Código de Defesa do Consumidor, 2013, p.571).

O Judiciário brasileiro encontra-se incipiente quanto à análise deste tema, ressaltando, entretanto, que o Tribunal de Justiça do Estado de Minas Gerais, quando instado a se manifestar nos autos da Apelação Cível nº 1.0672.10.022596-6/002, publicado em 03 de junho de 2013, entendeu pela existência da relação de consumo entre associação de proteção veicular e associado. Assim, por entender tratar-se de posição importante para o presente trabalho, colaciona sua ementa:

> EMENTA: AÇÃO DE COBRANÇA – PROGRAMA DE PROTEÇÃO VEICULAR – ASSOCIAÇÃO SEM FINS LUCRATIVOS – ELEMENTOS DE NATUREZA SECURITÁRIA – PRESENÇA DO FORNECEDOR DO SERVIÇO E DO CONSUMIDOR – APLICAÇÃO DO CÓDIGO DE DEFESA DO CONSUMIDOR – DANOS MORAIS – NÃO CARACTERIZADOS – LUCROS CESSANTES – AUSÊNCIA DE PROVA – HONORÁRIOS – FIXAÇÃO – CRITÉRIO – SEGUNDO RECURSO DE APELAÇÃO – AUSÊNCIA DE PREPARO – DESERÇÃO – NÃO CONHECIMENTO. – Não tendo a associação provado a ocorrência do fato que constitui óbice contratual para o pagamento da cobertura ajustada, resta configurada sua responsabilidade e o dever de

> pagar a indenização correspondente. – Sendo a associação pessoa jurídica de direito privado, que oferece a prestação de serviços securitários, mediante remuneração, nos termos do art. 2º, §2º do CDC, caracteriza-se como fornecedora de serviços, pelo que não há óbice a que seja submetida às regras do CDC pelo simples fato de não possuir fins lucrativos. – A negativa de pagamento da indenização pela associação, por si só, não enseja o ressarcimento por danos material e moral, se não comprovados nos autos. – Não deve ser acolhido o pedido de indenização por lucros cessantes se a parte não demonstra com precisão o que deixou razoavelmente de lucrar por força do dano. – Os honorários advocatícios devem observar os parâmetros fixados no art. 20, § 3º, do Código de Processo Civil: a) o grau de zelo do profissional; b) lugar da prestação do serviço; c) a natureza e importância da causa, o trabalho realizado pelo advogado e o tempo exigido para o seu serviço. – O preparo é um dos requisitos extrínsecos de admissibilidade do recurso de apelação e se não efetivado, ou efetivado incorretamente, enseja o fenômeno da deserção, causa de não conhecimento do recurso. Segundo recurso não conhecido, recurso principal e adesivo não providos. (MINAS GERAIS, Tribunal de Justiça, 12ª Câmara Cível, Apelação Cível 1.0672.10.022596-6/002, 2013)

Neste mesmo raciocínio, o Tribunal de Justiça de Santa Catarina, em lavra do Desembargador Nelson Schaefer Martins, nos autos Apelação Cível nº 2010.006959-3, entendeu pela aplicação da relação de consumo na relação entre associação de proteção veicular e associados. No teor do acórdão, precisas foram as palavras do ilustre julgador, *in verbis:*

> Destaca-se que o contrato celebrado entre as partes caracteriza-se como relação de consumo e encontra-se sob a égide das normas do Código de Defesa do Consumidor, a teor das disposições dos arts. 2º e 3º, § 2º. Explica-se: apesar da APROCAM tratar-se de associação sem fins lucrativos, esta disponibiliza serviço de proteção veicular aos seus associados que se tornam sócios como alternativa financeiramente mais viável aos preços praticados pelas seguradoras. Acrescente-se que o "Regimento Interno da Proteção de Bem Material" firmado entre o autor e a associação apresenta elementos de natureza securitária, pois existe a previsão de pagamento de contribuição (prêmio) para garantir a proteção de bem material sinistrado (garantia do interesse do segurado contra riscos predeterminados). Registre-se que nos relatórios de vistorias a

> associação demandada é denominada como seguradora e corretora e o motivo da vistoria é a contratação de seguro novo (fls. 62/71). Deste modo a associação no caso concreto caracteriza-se como fornecedora de serviço e o associado é apresenta-se consumidor que se associa com o intuito de adquirir o serviço de proteção veicular (seguro) por meio do "Regimento Interno da Proteção de Bem Material" que se trata de contrato de adesão. (SANTA CATARINA, Tribunal de Justiça, 2ª Câmara Cível, Apelação Cível nº 2010.006959-3, 2011).

Assim, a posição apresentada neste estudo já começa a ser corroborada pelo entendimento dos nossos Tribunais de Justiça, solidificando a real natureza existente entre associações de proteção veicular e seus associados, em que se desnatura a relação associativa e aplica-se a relação de consumo.

6. CONCLUSÃO

Certamente existirão aqueles cujo posicionamento seja oposto ao aqui defendido, pontuados pela inexistência da relação de consumo entre associado e associações de proteção veicular.

Todavia, o ordenamento jurídico brasileiro, como conjunto sistêmico de regras e de princípios, ensina-nos, com base no instituto da interpretação jurídica, que se deve ater-se mais à finalidade e ao alcance dos negócios jurídicos celebrados do que à simples análise terminológica.

Portanto, ao dar efetiva aplicação ao microssistema jurídico consumerista, a melhor posição é aquela em que se aplica o Código de Defesa do Consumidor às relações associativas, nas quais a associação se presta a disponibilizar um bem ou serviço disponível no mercado de consumo, dentre esses, o serviço de seguro automotivo estudado.

O judiciário começa a demonstrar que corrobora com o entendimento acerca da incidência das normas consumerista nas associações de proteção veicular, em que pese ainda não se tratar de item pacífico.

Logo, o tema está longe de um ponto pacificador, o qual somente ocorrerá quando a matéria for apreciada pelos Tribunais de Sobreposição (Superior Tribunal de Justiça e Supremo Tribunal Federal), já que como trazido inicialmente, a relação de consumo apresenta proteção tanto em âmbito constitucional como infraconstitucional.

REFERÊNCIAS BIBLIOGRÁFICAS

BARROS, Flávio Augusto Monteiro de. Lei de Introdução e Parte Geral. In: ______. **Manual de Direito Civil**. São Paulo: Método, 2005. Vol.1

BRASIL. Decreto-lei 73, de 21 de novembro de 1966. Dispõe sobre o Sistema Nacional de Seguros Privados, regula as operações de seguro e resseguro e dá outras providenciais. **Diário Oficial da República Federativa do Brasil**, DF: Senado Federal.

BRASIL. Lei 4.595, de 31 de dezembro de 1964. Dispõe sobre a Política e as Instituições Monetárias, Bancárias e Creditícias, Cria o Conselho Monetário Nacional e dá outras providenciais. **Diário Oficial da República Federativa do Brasil**, DF: Senado Federal.

BRASIL. Lei 8.078, de 11 de setembro de 1990. Dispõe sobre a proteção ao consumidor e da outras providenciais. **Diário Oficial da República Federativa do Brasil**, DF: Senado Federal.

CHAVES, Ricardo Lebourg. **Código civil comentado**: doutrina e jurisprudência. Belo Horizonte: Atualizar, 2008. Vol. 1.

GARCIA, Leonardo de Medeiros. **Direito do consumidor:** código comentado e jurisprudência. 5.ed. Niterói: Impetus, 2009.

MINAS GERAIS. Tribunal de Justiça. **Apelação Cível nº 1.0672.10.022596-6/002**. Relator: Des. Alvimar de Ávila , 12ª Câmara Cível, julgamento em 22/05/2013, publicação da súmula em 03/06/2013.

PEREIRA, Caio Mário da Silva. **Instituições de Direito Civil**. 20. ed. Rio de Janeiro: Forense, 2005. Vol. 1.

SANTA CATARINA. Tribunal de Justiça. **Apelação Cível n. 2010.006959-3**. Relator Des. Nelson Schaefer Martins, 2ª Câmara Cível, julgamento em 07/07/2011, publicação da súmula em 25/7/2011.

SUPERINTENDÊNCIA DE SEGUROS PRIVADOS (SUSEP). **Circular n. 256, de 16 de junho de 2004**. Disponível em: www.susep.gov.br .

SUPERINTENDÊNCIA DE SEGUROS PRIVADOS (SUSEP). **Circular n. 269, de 30 de setembro de 2004.** Disponível em: www.susep.gov.br .

VADE MECUM. **Constituição da Republica Federativa do Brasil**. 16. ed. São Paulo: RIDEEL, 2013. p.21 – 81.

VADE MECUM. **Código Civil de 2002**. 16. ed. São Paulo: RIDEEL, 2013. p.142 – 224.

BIBLIOGRAFIA SUGERIDA

BRASIL. Decreto n. 60.459, de 13 de março de 1967. Regulamenta o Decreto-lei nº 73, de 21 de novembro de 1966, com as modificações introduzidas pelos Decretos-Lei nº 168, de 14 de fevereiro de 1967, e nº 296, de 28 de fevereiro de 1967. **Diário Oficial da República Federativa do Brasil**, DF: Senado Federal.

BRASIL. Decreto n. 61.589, de 23 de outubro de 1967. Retifica disposições do Decreto número 60.459, de 13 de março de 1967, no que tange a capitais, ao início da cobertura do risco e emissão da apólice, à obrigação do pagamento do prêmio e da indenização e à cobrança bancária. **Diário Oficial da República Federativa do Brasil**, DF: Senado Federal.

CARVALHO, Kildare Gonçalves. **Direito constitucional**: Teoria do Estado e da Constituição, Direito Constitucional Positivo. 11. ed. Belo Horizonte: Del Rey, 2005.

FERNANDES, Bernardo Gonçalves. **Curso de Direito constitucional**. 5.ed. Salvador: JusPodivm, 2013.

FIUZA, Cesar. **Direito civil**: curso completo. 11.ed. Belo Horizonte: Del Rey, 2008.

LENZA, Pedro. **Direito constitucional esquematizado**. 15.ed. São Paulo: Saraiva, 2011.

VENOSA, Sílvio de Salvo. **Direito civil**: parte geral. 5.ed. São Paulo: Atlas S.A, 2005.

ASPECTOS RELEVANTES DA OFERTA E PUBLICIDADE NO MERCADO DE CONSUMO

Júlio Moraes Oliveira[1]

INTRODUÇÃO

A publicidade é um dos aspectos mais relevantes do direito do consumidor brasileiro. O art. 30 do CDC dispõe que "toda informação ou publicidade, suficientemente precisa, veiculada por qualquer forma ou meio de comunicação com relação a produtos e serviços oferecidos ou apresentados, obriga o fornecedor que a fizer veicular ou dela se utilizar e integra o contrato que vier a ser celebrado."

Trata-se do princípio da vinculação da oferta e da publicidade que se destina à todas as formas de manifestação do *marketing*.

O termo informação é usado de maneira bastante ampla incluindo sem seu conceito qualquer tipo de veiculação, verbal, rótulos, recibos, escritos particulares, anotações etc.

De acordo com este princípio, caso o fornecedor não queria cumprir a oferta, informação ou publicidade o consumidor tem, à sua livre escolha as alternativas do art. 35: I- exigir o cumprimento forçado

1 Advogado – Mestre em Instituições Sociais, Direito e Democracia, pela Universidade FUMEC – Especialista em Advocacia Civil pela Escola de Direito de São Paulo da Fundação Getúlio Vargas – FGV-EDESP – Bacharel em Direito pela Faculdade de Direito Milton Campos – FDMC. Membro da Comissão de Defesa do Consumidor da Ordem dos Advogados do Brasil – Seção Minas Gerais. Professor da FAPAM – Faculdade de Pará de Minas e da Faculdade Asa de Brumadinho. Email: juliomoliveira@hotmail.com

da obrigação, nos termos da oferta, apresentação ou publicidade; II – aceitar outro produto ou prestação de serviço equivalente; III – rescindir o contrato, com direito à restituição de quantia eventualmente antecipada, monetariamente atualizada, e a perdas e danos.

A oferta e apresentação de produtos ou serviços devem assegurar informações corretas, claras, precisas, ostensivas e em língua portuguesa sobre suas características, qualidades, quantidade, composição, preço, garantia, prazos de validade e origem, entre outros dados, bem como sobre os riscos que apresentam à saúde e segurança dos consumidores, conforme determina o art. 31 do CDC.

Já a publicidade deve se ater aos princípios veracidade, identificação, lealdade e transparência que serão melhor estudados no presente trabalho.

A OFERTA E A PUBLICIDADE NO MERCADO DE CONSUMO

De início é importante ressaltar que a doutrina mais especializada faz uma distinção entre publicidade e propaganda.

A publicidade tem um objetivo comercial, de venda do produto, de anúncio para o consumidor. Já a propaganda tem uma finalidade ideológica, religiosa, filosófica, política, econômica ou social. É necessário esclarecer que tecnicamente, o Código de Defesa do Consumidor só trata da publicidade e não da propaganda.

O art. 30 do CDC estabelece que "toda informação ou publicidade, suficientemente precisa, veiculada por qualquer forma ou meio de comunicação com relação a produtos e serviços oferecidos ou apresentados, obriga o fornecedor que a fizer veicular ou dela se utilizar e integra o contrato que vier a ser celebrado."

Em função dos abusos de *marketing* cometidos no mercado de consumo, o Código de Defesa do Consumidor introduziu o princípio da vinculação da oferta. Tal princípio expresso no art. 30 do referido código, apesar de inserido na seção sobre a oferta, aplica-se igualmente a publicidade, abrangendo todas as formas de manifestação de *marketing*.[2]

---

[2] OLIVEIRA, Júlio Moraes. Curso: Direito do Consumidor completo. Belo Horizonte: D'Plácido Editora, 2014, p. 195.

A vinculação tem dois efeitos principais: obriga o fornecedor a contratar aquilo que foi ofertado ou anunciado; e integra o contrato para os todos fins. Mesmo que o fornecedor veicule uma informação *a latere* do anúncio, essa informação vinculará da mesma forma.

A informação só obrigará o fornecedor se a mesma chegar ao conhecimento do consumidor e se for suficientemente precisa. É o que está disposto no art. 31 ao estabelecer que "a oferta e apresentação de produtos ou serviços devem assegurar informações corretas, claras, precisas, ostensivas e em língua portuguesa sobre suas características, qualidades, quantidade, composição, preço, garantia, prazos de validade e origem, entre outros dados, bem como sobre os riscos que apresentam à saúde e segurança dos consumidores."

O Decreto nº 5.903/2006 que regulamenta o CDC e a Lei nº 10.962/2004 define aspectos sobre a oferta e as formas de afixação de preços e de produtos para o consumidor.[3]

---

[3] Art. 2º Os preços de produtos e serviços deverão ser informados adequadamente, de modo a garantir ao consumidor a correção, clareza, precisão, ostensividade e legibilidade das informações prestadas. § 1º Para efeito do disposto no caput deste artigo, considera-se: I – correção, a informação verdadeira que não seja capaz de induzir o consumidor em erro; II – clareza, a informação que pode ser entendida de imediato e com facilidade pelo consumidor, sem abreviaturas que dificultem a sua compreensão, e sem a necessidade de qualquer interpretação ou cálculo; III – precisão, a informação que seja exata, definida e que esteja física ou visualmente ligada ao produto a que se refere, sem nenhum embaraço físico ou visual interposto; IV – ostensividade, a informação que seja de fácil percepção, dispensando qualquer esforço na sua assimilação; e V – legibilidade, a informação que seja visível e indelével. Art. 3º O preço de produto ou serviço deverá ser informado discriminando-se o total à vista. Parágrafo único. No caso de outorga de crédito, como nas hipóteses de financiamento ou parcelamento, deverão ser também discriminados: I – o valor total a ser pago com financiamento; II – o número, periodicidade e valor das prestações; III – os juros; e IV – os eventuais acréscimos e encargos que incidirem sobre o valor do financiamento ou parcelamento. Art. 4º Os preços dos produtos e serviços expostos à venda devem ficar sempre visíveis aos consumidores enquanto o estabelecimento estiver aberto ao público. Parágrafo único. A montagem, rearranjo ou limpeza, se em horário de funcionamento, deve ser feito sem prejuízo das informações relativas aos preços de produtos ou serviços expostos à venda. Art. 5º Na hipótese de afixação de preços de bens e serviços para o consumidor, em vitrines e no comércio em geral, de que trata o inciso I do art. 2º da Lei nº 10.962, de 2004, a etiqueta ou similar afixada diretamente no produto exposto à venda deverá ter sua

Com relação à oferta dos produtos com código de barras, o STJ já teve entendimento de que o fato de existir código de barras em cada produto não é suficiente para assegurar a todos os consumidores estas informações. "Para atender realmente o que estabelece o Código do Consumidor, além do código de barras e do preço nas prateleiras, devem os supermercados colocar o preço em cada produto." (MS 6.010 – Primeira Seção – Rel. Min. Garcia Vieira – Dj 06.12.1999).

Com o advento da Lei nº 10.962/2004, passou-se a admitir a utilização do código de Barras. É o que está disposto no art. 2: "Art. 2º São admitidas as seguintes formas de afixação de preços em vendas a varejo para o consumidor: I – no comércio em geral, por meio de etiquetas ou similares afixados diretamente nos bens expostos à venda, e em vitrines, mediante divulgação do preço à vista em caracteres legíveis; II – em auto-serviços, supermercados, hipermercados, mercearias ou estabelecimentos comerciais onde o consumidor tenha acesso direto ao produto, sem intervenção do comerciante, mediante a impressão ou afixação do preço do produto na embalagem, ou a afixação de código referencial, ou ainda, com a afixação de código de barras. Parágrafo único. Nos casos de utilização de código referencial ou de barras, o comerciante deverá expor, de forma clara e legível, junto aos itens expostos, informação relativa ao preço à vista do produto, suas características e código."

"Após a vigência da Lei Federal nº 10.962 em 13.10.2004, permite-se aos estabelecimentos comerciais a afixação de preço do produto por meio de código de barras, sendo desnecessária a utilização de etiqueta com preço individual de cada mercadoria" (REsp nº 688.151/MG – Terceira Turma – Rel. Min. Nancy Andrighi – DJU 08.08.2005).

Tal regulamentação está prevista no art. 7º do Decreto nº 5.903/06 que assim dispõe: "Art. 7º Na hipótese de utilização do código de barras para apreçamento, os fornecedores deverão disponibilizar, na área de vendas, para consulta de preços pelo consumidor, equipamentos de leitura ótica em perfeito estado de funcionamento. § 1º Os leitores

---

face principal voltada ao consumidor, a fim de garantir a pronta visualização do preço, independentemente de solicitação do consumidor ou intervenção do comerciante. Parágrafo único. Entende-se como similar qualquer meio físico que esteja unido ao produto e gere efeitos visuais equivalentes aos da etiqueta.

óticos deverão ser indicados por cartazes suspensos que informem a sua localização. § 2º Os leitores óticos deverão ser dispostos na área de vendas, observada a distância máxima de quinze metros entre qualquer produto e a leitora ótica mais próxima. § 3º Para efeito de fiscalização, os fornecedores deverão prestar as informações necessárias aos agentes fiscais mediante disponibilização de croqui da área de vendas, com a identificação clara e precisa da localização dos leitores óticos e a distância que os separa, demonstrando graficamente o cumprimento da distância máxima fixada neste artigo."

É importante ressaltar que o CDC não proíbe o chamado *puffing* que é o exagero na apresentação dos produtos ou serviços. Expressões como "o melhor" ou "o mais bonito", são expressões que carregam uma carga muito grande de subjetividade. Entretanto, se a publicidade puder ser aferida em um determinado contexto, ai não se pode falar mais em *puffing*, e, neste caso, a publicidade vai vincular. Imagine uma situação em que um fornecedor afirma que seu produto é o mais barato da cidade ou que o seu curso de direito é o que mais aprova na prova Ordem dos Advogados do Brasil. Ambos podem ser aferidos objetivamente através de uma análise mais apurada, e nesse caso a publicidade vincula o fornecedor.

O *puffing* por lhe faltar precisão e objetividade geralmente não tem força vinculante.

A oferta e publicidade vinculam aquele que as efetuou, é a regra do CDC que prevê ainda sanções penais e administrativas (capítulo XII e XII) por essas práticas.

O art. 35 do CDC coloca à disposição do consumidor as seguintes opções: "Se o fornecedor de produtos ou serviços recusar cumprimento à oferta, apresentação ou publicidade, o consumidor poderá, alternativamente e à sua livre escolha: I – exigir o cumprimento forçado da obrigação, nos termos da oferta, apresentação ou publicidade; II – aceitar outro produto ou prestação de serviço equivalente; III – rescindir o contrato, com direito à restituição de quantia eventualmente antecipada, monetariamente atualizada, e a perdas e danos."[4]

[4] Consumidor. Recurso Especial. Publicidade. Oferta. Princípio da vinculação. Obrigação do fornecedor. – O CDC dispõe que toda informação ou publicidade,

Assim como nos casos de vício do produto ou serviço, aqui as opções são também direito potestativo do consumidor. É necessário ressaltar novamente, que em todas as hipóteses é possível a cumulação de perdas e danos com base no art. 6, VI.

Com relação ao fornecedor responsável pelo cumprimento das alternativas do art. 35, em regra será responsabilizado aquele que paga e dirige o anúncio, o chamado anunciante direto. Também pode ser responsabilizado o anunciante indireto, aquele que se aproveita do anúncio de terceiro, como no caso do lojista que se aproveita do anúncio do fabricante.

Em regra o veículo do anúncio não é responsabilizado, mas em casos de publicidade enganosa o veículo pode vir a ser responsabilizado por violação do dever de vigilância sobre os anúncios que veicula.

Essa responsabilidade fica mais clara ainda quando o veículo é diretamente interessado no anúncio. [5]

Há autores ainda que afirmam ser possível responsabilizar as celebridades que participam da publicidade, principalmente quando elas obtém porcentagens sobre as vendas do produto ou serviço. [6]

O equívoco ou erro do anunciante não é capaz de eximi-lo da responsabilidade, pois essa no direito do consumidor é objetiva e independe de culpa do fornecedor.

---

veiculada por qualquer forma ou meio de comunicação com relação a produtos e serviços oferecidos ou apresentados, desde que suficientemente precisa e efetivamente conhecida pelos consumidores a que é destinada, obriga o fornecedor que a fizer veicular ou dela se utilizar, bem como integra o contrato que vier a ser celebrado. – Se o fornecedor, através de publicidade amplamente divulgada, garantiu que os imóveis comercializados seriam financiados pela Caixa Econômica Federal, submete-se a assinatura do contrato de compra e venda nos exatos termos da oferta apresentada. (STJ – REsp 341.405/DF – Terceira Turma – Rel. Min. Nancy Andrighi – 03.09.2002)

[5] TELEVISÃO. “SHOW DO MILHÃO”. Código de Defesa do Consumidor. Prática abusiva. A emissora de televisão presta um serviço e como tal se subordina às regras do Código de Defesa do Consumidor. Divulgação de concurso com promessa de recompensa segundo critérios que podem prejudicar o participante. Manutenção da liminar para suspender a prática. Recurso não conhecido. (STJ – REsp 436.135/SP – quarta turma – Rel. Min. Ruy Rosado de Aguiar – Dj 12.08.2003)

[6] Ver SCARTEZZINI GUIMARÃES, Paulo Jorge. A publicidade ilícita e a responsabilidade civil das celebridades que dela participam. São Paulo: RT, 2003.

A oferta ou publicidade no CDC também é irretratável, sendo juridicamente irrelevante qualquer atuação posterior do policitante publicitário para limitar ou reorganizar aquilo que foi veiculado. Uma vez que ela tenha atingido o consumidor, passa a ser irretratável, pois cria no consumidor uma expectativa legítima.

O art. 31 do CDC estabelece que "a oferta e apresentação de produtos ou serviços devem assegurar informações corretas, claras, precisas, ostensivas e em língua portuguesa sobre suas características, qualidades, quantidade, composição, preço, garantia, prazos de validade e origem, entre outros dados, bem como sobre os riscos que apresentam à saúde e segurança dos consumidores."

Cabe ressaltar que as características da oferta previstas no referido artigo são enumerativas, cabe ao fornecedor informar outros dados que entenda pertinentes.

Em excelente julgado do Superior Tribunal de Justiça, no REsp. 586.316/MG, sob a relatoria do Min. Antônio Herman V. Benjamim, o referido tribunal entendeu que a obrigação de informação pode ser desdobrada em 4 categorias: informação-conteúdo (características intrínsecas do produto e serviço); informação-utilização (como se usa o produto ou serviço); informação-preço (custo, formas e condições de pagamento); e informação-advertência (riscos do produto ou serviço). Nesse mesmo julgado, o STJ entendeu que a informação deve ser correta (verdadeira), clara (de fácil entendimento), precisa (não prolixa ou escassa), ostensiva (de fácil constatação ou percepção e em língua portuguesa).

As informações prestadas na publicidade ou oferta devem ser apresentadas em português, somente admitindo-se o uso de expressões estrangeiras quando não houver palavra similar no nosso vernáculo. As informações em outras línguas não estão proibidas desde que conjugadas com a tradução em português. Expressões como "*sale*" e "*outlet*", são usadas sem qualquer pudor trazendo, muitas vezes confusão e desinformação ao consumidor.

Essa regra é extremamente importante nos manuais de instrução de uso mesmo naqueles produtos importados. Antônio Herman V. Benjamin afirma que os estabelecimentos que só vendem produtos importados estão isentos dessa regra, pois o público que esse estabelecimento atinge é diferenciado e, desse modo, não haveria a necessidade de usar a expressões em português, assim também as seções de importados nos supermercados. Tal exceção, contudo só se aplica à oferta ou publicidade, permanecendo a obrigatoriedade do vernáculo para os manuais de instrução de uso. [7]

O art. 32 do CDC estabelece que "os fabricantes e importadores deverão assegurar a oferta de componentes e peças de reposição enquanto não cessar a fabricação ou importação do produto. Parágrafo único. Cessadas a produção ou importação, a oferta deverá ser mantida por período razoável de tempo, na forma da lei."

Mas qual o prazo seria razoável para a produção ou importação de peças? O entendimento deve ser o de que esse prazo razoável deve ser pelo menos o prazo de vida útil de bem que varia de acordo com o bem ofertado. É óbvio que o consumidor, no período de vida útil do bem tem direito a peças de reposição para conserto ou troca de algum componente.

Uma última informação importante diz respeito ao parágrafo único do art. 31 ao estabelecer que "as informações de que trata este artigo, nos produtos refrigerados oferecidos ao consumidor, serão gravadas de forma indelével.". A inclusão desse dispositivo foi feita pela Lei nº 11.989 de 2009.

A OFERTA POR TELEFONE OU A COMPRA PELA INTERNET

O art. 33 do CDC dispõe que "em caso de oferta ou venda por telefone ou reembolso postal, deve constar o nome do fabricante e endereço na embalagem, publicidade e em todos os impressos utilizados na transação comercial." A Lei nº 11.800 de 2008, acrescentou o parágrafo único proibindo apublicidade de bens e serviços por telefone, quando a chamada for onerosa ao consumidor que a origina.

Nesse sentido, nas compras efetuadas por telefone e reembolso postal essas informações são de extrema relevância para o consumidor.

Ademais, o art. 49 estabelece que "o consumidor pode desistir do contrato, no prazo de 7 dias a contar de sua assinatura ou do ato

[7] BENJAMIN, Antônio Herman V., MARQUES, Claudia Lima, BESSA, Leonardo Roscoe, Manual de Direito do Consumidor.p. 249.

de recebimento do produto ou serviço, sempre que a contratação de fornecimento de produtos e serviços ocorrer fora do estabelecimento comercial, especialmente por telefone ou a domicílio. Parágrafo único. Se o consumidor exercitar o direito de arrependimento previsto neste artigo, os valores eventualmente pagos, a qualquer título, durante o prazo de reflexão, serão devolvidos, de imediato, monetariamente atualizados."

A doutrina é uníssona em reconhecer que apesar de os referidos artigos não tratarem das vendas pela internet, tais dispositivos aplicam-se perfeitamente a essa espécie.

A PUBLICIDADE

A publicidade, sem sombras de dúvidas exerce um papel extremamente relevante no mercado de consumo atualmente, e em função desse papel, o legislador sentiu a necessidade de regula-la. Embora os Estados e municípios não tenham competência para legislar sobre o conteúdo da publicidade, podem efetivamente regular os meios de sua veiculação. Tal aspecto é de extrema relevância nos dias atuais devido à poluição visual presente nas grandes cidades. Outdoor, letreiros luminosos, telões de alta definição, cartazes, fachadas, todos esses meios trazem uma poluição visual sem precedentes e estão sujeitos à fiscalização municipal sanitária, ambiental e a regulamentação do uso do espaço urbano.

Segundo Antônio Herman V. Benjamim o conceito de publicidade é bastante difícil de ser definido. Seguindo a definição do *American Association of Advertising Agencies* (AAAA) a publicidade seria "qualquer forma paga de apresentação impessoal e promoção tanto de ideias, como de bens ou serviços, por um patrocinador identificado." [8]

Dois são os elementos principais em uma publicidade: a difusão e a informação. O primeiro é o elemento material, seu meio de expressão, e o segundo, é seu elemento finalístico.

A publicidade assim como outros ramos da atividade humana também está sujeita a controle. A primeira forma de controle é a estatal,

---

8 BENJAMIN, Antônio Herman V., MARQUES, Claudia Lima, BESSA, Leonardo Roscoe, Manual de Direito do Consumidor.p. 253.

em seguida tem-se o controle privado e finalmente encontra-se um controle misto.

O Brasil adotou um sistema misto de controle da publicidade. Tal modalidade de controle possui um órgão autorregulamentador – o CONAR – Conselho Nacional de autorregulamentação publicitária e o Código Brasileiro autorregulamentação publicitária. O Código Brasileiro de Autorregulamentação Publicitária nasceu de uma ameaça ao setor: no final dos anos 70, quando o governo federal pensava em sancionar uma lei criando uma espécie de censura prévia à publicidade. Se a lei fosse implantada, nenhum anúncio poderia ser veiculado sem que antes recebesse um carimbo "De Acordo" ou algo parecido.

Para se evitar a censura prévia à publicidade, criou-se uma ONG encarregada de fazer valer o Código Brasileiro de Autorregulamentação Publicitária. Desde então, e até esta data, o Conar já instaurou mais de 7 mil processos éticos e promoveu um sem-número de conciliações entre associados em conflito. "O CONAR atende a denúncias de consumidores, autoridades, dos seus associados ou ainda formuladas pela própria diretoria. Feita a denúncia, o Conselho de Ética do CONAR – o órgão soberano na fiscalização, julgamento e deliberação no que se relaciona à obediência e cumprimento do disposto no Código – se reúne e a julga, garantindo amplo direito de defesa ao acusado.

Se a denúncia tiver procedência, o CONAR recomenda aos veículos de comunicação a suspensão da exibição da peça ou sugere correções à publicidade. Pode ainda, advertir anunciante e agência. O Conselho de Ética está dividido em oito Câmaras, sediadas em São Paulo, Rio, Brasília, Porto Alegre e Recife e é formado por 180 conselheiros, entre efetivos e suplentes, recrutados entre profissionais de publicidade de todas as áreas e representantes da sociedade civil. Não participam do Conselho pessoas investidas em cargos públicos por nomeação ou eleições, bem como candidatos a cargo eletivo em qualquer nível."[9]

Também o Estado, através de seus órgãos administrativos e o Judiciário podem exercer o controle da publicidade em nosso sistema.

---

[9] Antes de "pôneis malditos, quatro vídeos da foram parar no CONAR. Informações disponíveis em http://www.conar.org.br/ acesso em 04.10.2013.

Sobre a atuação do CONAR, ficaram famosos os casos relacionados à publicidade da montadora japonesa de veículos Nissan e seus "pôneis malditos", que foram considerados ofensivos pelo órgão.[10]

Segundo estatísticas do próprio órgão, em 2012 foram instaurados 357 processos, sendo que 67 desses anúncios foram sustados. Desses, 177 foram instaurados por consumidores e 9 por denúncia de autoridades. Os consumidores foram responsáveis por 49,6%, os associados foram responsáveis por 33,6%, 14, 3 foram instaurados pelo próprio CONAR, e 2,5%, pelo Conselho Superior. As estatísticas apontam também que a Telecom é responsável por 17,4% dos processos, seguida pelo setor de moda lojas e varejo, com 14,3%,Medicamentos e outros produtos para a saúde com 13,4%, bebidas alcoólicas com 11,2%, alimentos sucos e refrigerantes com 9,2%, veículos peças e acessórios com 8,1%, indústria eletrônica com 4,2%, produtos de limpeza com 4,2%, brinquedos com 1,7%, prêmios sorteios e loterias com 1,1% e outros setores com 15,5%. Desses processos, as principais reclamações foram referentes a apresentação verdadeira do produto, com 36,4%.[11]

As estatísticas do CONAR mostram um dado interessante, grande parte das reclamações sobre anúncios e publicidade é feita pelos próprios fornecedores concorrentes, que em 2012 representaram 33,6% das reclamações.

---

10 Nos últimos dois anos, a montadora japonesa Nissan já teve nada menos que quatro comerciais tirados do ar por determinação do Conselho de Autorregulamentação Publicitária, o Conar. Seu mais novo vídeo, "Pôneis Malditos" é outro que se torna alvo da análise do órgão. Trinta reclamações encaminhadas ao conselho apontam que a peça publicitária pode ofender as crianças ao associar a imagem dos pôneis – presente em desenhos animados e linhas de brinquedos – a uma palavra de caráter pejorativo. Para a Nissan, porém, isso não parece ser problema. Lançado na semana passada, "Pôneis Malditos" é o vídeo mais visto no Youtube em todo o mundo nos últimos sete dias – conforme medição realizada nesta sexta-feira pela ferramenta "charts", do próprio portal de vídeos. A propaganda é também uma das mais comentadas na internet, citada milhares de vezes nas redes sociais, como Twitter e Facebook. A estimativa é que cerca de 100 milhões de pessoas tenham visto à campanha. Disponível em http://exame.abril.com.br/marketing/noticias/antes-de-poneis-malditos-quatro-videos-da-nissan-foram-parar-no-conar. Acesso em 05.10.2013.

11 Estatísticas do ano de 2012. Disponível em http://www.conar.org.br/. Acesso em 05.10.2013.

Desse modo, o CONAR, acaba se transformando em um órgão de auxílio à proibição da concorrência desleal. Nesse sentido, a doutrina aponta o princípio da lealdade publicitária que coíbe os abusos praticados no mercado de consumo, inclusive a concorrência desleal e a utilização indevida de inventos e criações industriais das marcas, nomes comerciais e signos distintivos que possam causar prejuízos aos consumidores, art. 4º, VI do CDC.

A doutrina identifica dois tipos principais de publicidade: a publicidade institucional e a publicidade promocional.

A publicidade institucional é aquela em que o objetivo é a divulgação da própria empresa e não um produto seu. Nesse tipo de publicidade, a intenção do fornecedor é estabelecer uma marca a longo prazo e não a venda imediata de determinado produto.

Já a publicidade promocional, tem como objetivo a venda de um produto ou serviço ao consumidor, o apelo é imediato e seus resultados são observados em curto prazo.

A publicidade é um fenômeno complexo que envolve várias etapas. Num primeiro momento, existe o chamado *briefing*, que é uma peça fundamental para a elaboração de uma publicidade, são dados coletados e apresentados à agência para permitir que a mesma compreenda perfeitamente seu cliente e suas necessidades.

Ao término dessa etapa, tem-se início uma segunda etapa denominada reflexão estratégica. Nessa segunda etapa, que acontece na agência, nomeia-se uma equipe *ad hoc* que passará a apresentar as ideias e selecionar aquelas mais adequadas. Numa terceira fase, elabora-se um plano de mídia de acordo com os consumidores e o orçamento disponível. Em seguida inicia-se o momento da criação, e por fim a publicidade vai para a produção que dependerá da forma como a publicidade será veiculada.

Na elaboração do CDC, o controle da publicidade teve influência direta do *Projet de Code de la Consommation* francês, também do art. 5º do *Federal Trade Commssion Act*, das decisões administrativas do *Federal Trade Commission* e ainda com base na Diretiva 84/450 da CEE de 1984.

A publicidade no direito brasileiro deve ser identificada. O legislador não aceitou a veiculação de publicidade clandestina nem subliminar.

Tal aspecto está atinente ao princípio da identificação da publicidade previsto no *caput* do art. 36 do CDC que assim disciplina: "A publicidade deve ser veiculada de tal forma que o consumidor, fácil e imediatamente, a identifique como tal."

A publicidade só é lícita se o consumidor puder identificá-la de forma imediata e facilmente, assim também preceitua o art. 28 do Código Brasileiro de Autorregulamentação Publicitária ao expor que "o anúncio deve ser claramente distinguido como tal, seja qual for a sua forma ou meio de veiculação."

Publicidade clandestina é aquela veiculada de forma indireta, disfarçada, oculta. É aquela apresentada em programas de TV ou filmes, nas quais a imagem do produto ou serviço aparece como parte da trama ou do enredo. É o ator dirigindo determinado veículo, tomando determinada bebida, entrando em uma agência bancária, por exemplo.

"Denomina-se *merchandising* em técnica publicitária (no *marketing* tem significado bem diferente) a aparição dos produtos no vídeo, no áudio ou nos artigos impressos, em situação normal de consumo, sem declaração ostensiva da marca." [12]

Publicidade subliminar é aquela que não é conscientemente percebida pelo consumidor que resolve consumir o produto ou serviço sem entender o motivo. É mensagem não percebida pelo consciente mas captada pelo inconsciente. [13]

---

12 BENJAMIN, Antônio Herman V., MARQUES, Claudia Lima, BESSA, Leonardo Roscoe, Manual de Direito do Consumidor.p. 260.

13 Conar permite propaganda subliminar (e chata) no SBT. Quer coisa mais desagradável que você estar assistindo a um programa qualquer, sua série preferida, um reality, um desenho etc. e de repente a imagem desaparecer e ser substituída por um enorme frasco de perfume, enquanto o áudio original continua no ar? A troca dura menos de um segundo e deixa o telespectador atordoado. Pois há mais de um ano o SBT vem fazendo essa publicidade dos produtos Jequiti. Tal formato de publicidade é vetado em alguns países, por ser considerado subliminar. Por aqui, no entanto, o Conar (Conselho Nacional de Autorregulamentação Publicitária) não pensa em tomar nenhuma atitude... Essa modalidade de publicidade (sic) não tem absolutamente nada a ver com merchandising. É pura invasão visual de um produto sem nenhum aviso prévio, inserido no conteúdo de programação. A imagem dos produtos Jequiti ficam tão pouco tempo na tela que muitas vezes é praticamente impossível sequer descobrir do que se trata. Disponível

O CDC não traz uma proibição expressa ao *merchandising* o que de certa forma viola o limite de 15 minutos de publicidade por hora de programação. Nesse ponto, Antônio Herman V. Benjamin aponta uma solução que seria a apresentação de "créditos" antecipando a comunicação de que naquele programa, peça ou filme existirá um *merchandising* dos produtos. [14]

O *teaser* também é um modo de veiculação da publicidade bastante difundido principalmente na indústria cinematográfica e automobilística. Segundo o Código Brasileiro de Autorregulamentação Publicitária, *teaser* é mensagem que visa criar uma expectativa ou curiosidade no público (art. 9º, § 2º), é o anúncio do anúncio. Os problemas do *teaser* são os mesmos do *merchandising*, isto é, não permite uma identificação imediata daquilo que está sendo anunciado.[15]

O Código de Defesa do Consumidor também consagrou o princípio da inversão do ônus da prova na publicidade ao estipular em seu art. 38 que "o ônus da prova da veracidade e correção da informação ou comunicação publicitária cabe a quem as patrocina." É a chamada inversão *ope legis*, obrigatória pelo juiz.

Também são objeto de proteção pela legislação consumerista brasileira, a proteção contra a publicidade enganosa e abusiva.

Entende-se por publicidade enganosa "qualquer modalidade de informação ou comunicação de caráter publicitário, inteira ou parcialmente

---

em http://f5.folha.uol.com.br/colunistas/ricardofeltrin/2013/05/1279685-conar-permite-propaganda-subliminar-e-chata-no-sbt.shtml. acesso em 10.10.2013.

14 BENJAMIN, Antônio Herman V., MARQUES, Claudia Lima, BESSA, Leonardo Roscoe, Manual de Direito do Consumidor.p. 261.

15 Hyundai HB20 em novo ***teaser***: "Um carro sem igual". Nesta segunda-feira (27), a Hyundai Motor Brasil divulgou um novo teaser do HB20, desta vez com atores que se passam por pessoas comuns e dizem desejar um carro "sem igual". Diferentemente do primeiro vídeo, que só mostrava partes do veículo, este é o primeiro filme publicitário do hatch compacto que será lançado em setembro e chega às lojas em outubro. No vídeo, a traseira do modelo faz sua primeira aparição oficial, com a carroceria ainda "escondida" e apenas as lanternas iluminadas. O anúncio confirma o que já era esperado: o HB20 terá os mesmos cinco anos de garantia oferecidos nos demais modelos da fábrica sul-coreana. O mote do lançamento também está definido: "Novo HB20: Sem igual". Disponível em http://colunas.revistaautoesporte.globo.com/automaniacos/2012/08/28/hyundai-hb20-em-novo-teaser-um-carro-sem-igual/. Acesso em 11.10.2013.

falsa, ou, por qualquer outro modo, mesmo por omissão, capaz de induzir em erro o consumidor a respeito da natureza, características, qualidade, quantidade, propriedades, origem, preço e quaisquer outros dados sobre produtos e serviços (art. 37, § 1º)."

Não se exige prova da enganosidade real, ou seja, basta a potencial capacidade de enganar o consumidor para que seja caracterizada a publicidade enganosa, inclusive o silêncio pode gerar a publicidade enganosa.

A publicidade pode ser enganosa por omissão e comissão. Na primeira, o fornecedor omite, deixa de informar algo importante sobre algum aspecto do produto ou serviço. A enganosidade por omissão varia conforme o caso, já que não se exige que o anúncio informe ao consumidor todas as características do produto ou serviço. Já na publicidade enganosa por comissão, o fornecedor afirma algo que induza o consumidor a erro, uma informação inverídica que ludibriará o consumidor. [16]

---

[16] RECURSO ESPECIAL – AÇÃO INDENIZATÓRIA – DANOS MORAIS E MATERIAIS – PRESTAÇÃO DE SERVIÇOS EDUCACIONAIS – MATRÍCULA, FREQUÊNCIA E CONCLUSÃO EM CURSO DE PÓS-GRADUAÇÃO (MESTRADO) NÃO RECONHECIDO PELA CAPES – PUBLICIDADE ENGANOSA DIVULGADA AO DISCENTE – CORTE LOCAL RECONHECENDO A RESPONSABILIDADE CIVIL DA DEMANDADA, E CONDENANDO-A AO PAGAMENTO DOS DANOS MATERIAIS E MORAIS. INSURGÊNCIA DA INSTITUIÇÃO DE ENSINO. 1. Danos morais.
1.1 Resulta cristalina a responsabilidade civil da instituição de ensino, que, promovendo a divulgação de propaganda enganosa, oferece curso de pós-graduação (mestrado), mas omite aos respectivos alunos a relevante informação de que não possui reconhecimento e validade perante o órgão governamental competente. A súmula n. 7/STJ, ademais, impede a revisão das premissas fáticas que nortearam as conclusões fixadas no aresto hostilizado. 1.2 O posterior reconhecimento e consequente convalidação, pelo órgão competente, de pós-graduação (mestrado) cursada pela demandante, longo período após a conclusão obtida pela aluna, não elimina o dever da instituição de ensino em indenizar os danos morais sofridos pela discente. Pois, mostra-se evidente a frustração, o sofrimento e a angústia daquela que se viu por mais de 5 anos privada de fruir os benefícios e prerrogativas profissionais colimados quando da matrícula e frequência ao curso de pós-graduação. 1.3 É ilegítimo o arbitramento de indenização por danos morais vinculada ao valor futuro do salário mínimo que se encontrar vigente à época do pagamento. Precedentes. Excessividade do *quantum*.

Na publicidade enganosa não se exige a intenção de enganar o consumidor, não se analisa aspecto subjetivos do fornecedor. Desse modo, mesmo que não seja a intenção do fornecedor em enganar o consumidor, estará caracterizada a publicidade enganosa. Não há, como já afirmado necessidade de que o consumidor tenha de fato sido enganado, mas basta a potencialidade disso.

Na análise da publicidade enganosa deve-se levar em conta dois aspectos: o primeiro objetivo, no qual avalia-se o conteúdo do próprio anúncio e sua enganosidade; e um segundo critério subjetivo, que está relacionado ao tipo de consumidor que aquele anúncio pretende atingir. É importante ressaltar, como já afirmado alhures, que alguns consumidores, em virtude de sua hipervulnerabilidade são tutelados de forma especial (idosos, crianças, de pouca instrução etc).

Na análise da enganosidade não se leva em conta somente o aspecto literal daquilo que foi dito, mas também a impressão total que aquele anúncio deixou nos consumidores. Se o anúncio tem dois entendimentos, ou seja, se é ambíguo estará caracterizada a ambiguidade.

Também pode ser considerado enganoso, o anúncio que deixa de informar ao consumidor que o anunciado é somente uma demonstração simulada (*mock-up*), hipótese bastante comum em anúncio de brinquedos nos quais os fornecedores colocam efeitos que não existem no produto.

Assim como na oferta, a publicidade também deve ser veiculada em português como parte do dever de informar.

A publicidade também pode ser abusiva por demonstrar-se discriminatória de qualquer natureza, a que incite à violência, explore o medo ou a superstição, se aproveite da deficiência de julgamento e experiência da criança, desrespeita valores ambientais, ou que seja

---

Adequação do aresto hostilizado no particular. 2. Danos materiais. Pretensão voltada ao ressarcimento dos valores despendidos a título de matrículas, mensalidades, passagens, alimentação e demais gastos com o curso de mestrado. Descabimento. A superveniente convalidação do diploma de pós-graduação obtido pela demandante, torna indevida a indenização por danos materiais, concernentes às despesas para frequência ao curso. 4. Recurso parcialmente provido. (STJ – REsp. 1.101.664/SP – Quarta turma – Rel. Min. Marco Buzzi – Dje 28.02.2013)

capaz de induzir o consumidor a se comportar de forma prejudicial ou perigosa à sua saúde ou segurança, nos termos do art. 37, § 2º.

Ou seja, é abusiva a publicidade que discrimina o ser humano, sob qualquer aspecto como raça, cor, sexo, idade, profissão etc. [17] A publicidade abusiva deve ser analisada caso a caso. A enumeração do art. 37 é meramente exemplificativa.

A publicidade que se utiliza do medo ou superstição também é considerada abusiva. É abusiva também a publicidade que incite a violência, seja do homem contra o homem ou do homem contra animais ou bens e também a publicidade antiambiental.

---

[17] Brasil Kirin pode ser punida por publicidade da devassa. Ministério da justiça abriu processo administrativo contra a fabricante de bebidas e pode multar a companhia em até R$ 6 milhões. O Departamento de Proteção e Defesa do Consumidor (DPDC) do Ministério da Justiça abriu um processo administrativo contra a Brasil Kirin Indústria de Bebidas devido ao slogan de uma propaganda da cerveja Devassa e pode multar a companhia em até 6 milhões de reais. "É pelo corpo que se conhece a verdadeira negra", foi a mensagem da bebida publicada em anúncios da "Devassa – Tropical Dark" em revistas entre os anos de 2010 e 2011, ao lado da ilustração de uma mulher negra seminua. De acordo com o diretor do DPDC, Amaury Oliva, a ação foi motivada por uma representação do Procon do estado do Espírito Santo, que recebeu a denúncia ainda em 2011. "O Código de Defesa do Consumidor também protege os consumidores da publicidade abusiva", disse o diretor. "A publicidade é um indicativo da ética das empresas. A liberdade de iniciativa não pode ferir os direitos do consumidor", completou. Outros órgãos do governo, como a Secretaria de Políticas para as Mulheres e a Secretaria de Políticas para a Promoção da Igualdade Racial, também foram consultadas pelo DPDC. "As secretarias consideraram que a publicidade reforça a discriminação de gênero e os estereótipos racistas. Além disso, o Conselho Federal de Psicologia considerou que a propaganda estimula este tipo de comportamento", disse Oliva. A empresa tem dez dias para apresentar sua defesa final ao DPDC. Nas fases preliminares da investigação, a Brasil Kirin negou que a propaganda seja abusiva e alegou que nem mesmo o Conar – órgão de autorregulamentação da publicidade no País – recomendou que a propaganda deixasse de ser veiculada. "Mas temos sérios indícios de publicidade abusiva em razão do conteúdo discriminatório da mensagem e o departamento irá punir com rigor sempre que exista este tipo de abuso", completou o diretor. Segundo ele, este é o primeiro processo dessa natureza aberto contra a cervejaria que fabrica a marca Devassa. Disponível em http://veja.abril.com.br/noticia/economia/brasil-kirin-pode-ser-punida-por-publicidade-da-devassa. Acesso em 11.10.2013.

Merece atenção especial a publicidade relacionada ao tabaco, bebidas alcoólicas, agrotóxicos, medicamentos e terapias.

A Carta Magna em seu art. 220, § 3º, II e § 4º, dispõe que a manifestação do pensamento sob qualquer forma de criação, inclusive a publicidade devem "estabelecer os meios legais que garantam à pessoa e à família a possibilidade de se defenderem de programas ou programações de rádio e televisão que contrariem o disposto no art. 221, bem como da propaganda de produtos, práticas e serviços que possam ser nocivos à saúde e ao meio ambiente. § 4º – A propaganda comercial de tabaco, bebidas alcoólicas, agrotóxicos, medicamentos e terapias estará sujeita a restrições legais, nos termos do inciso II do parágrafo anterior, e conterá, sempre que necessário, advertência sobre os malefícios decorrentes de seu uso."

As regras para a publicidade de bebidas alcoólicas estão previstas no Código Brasileiro de Autorregulamentação Publicitária em seu Anexo "A". Dentre as principais regras pode-se destacar: "crianças e adolescentes não figurarão, de qualquer forma, em anúncios; qualquer pessoa que neles apareça deverá ser e parecer maior de 25 anos de idade; as mensagens serão exclusivamente destinadas a público adulto, não sendo justificável qualquer transigência em relação a este princípio. Assim, o conteúdo dos anúncios deixará claro tratar-se de produto de consumo impróprio para menores; não empregará linguagem, expressões, recursos gráficos e audiovisuais reconhecidamente pertencentes ao universo infanto-juvenil, tais como animais "humanizados", bonecos ou animações que possam despertar a curiosidade ou a atenção de menores nem contribuir para que eles adotem valores morais ou hábitos incompatíveis com a menoridade; o planejamento de mídia levará em consideração este princípio, devendo, portanto, refletir as restrições e os cuidados técnica e eticamente adequados.

Assim, o anúncio somente será inserido em programação, publicação ou *web-site* dirigidos predominantemente a maiores de idade. Diante de eventual dificuldade para aferição do público predominante, adotar-se-á programação que melhor atenda ao propósito de proteger crianças e adolescentes; os *websites* pertencentes a marcas de produtos que se enquadrarem na categoria aqui tratada deverão conter dispositivo de acesso seletivo, de modo a evitar a navegação por menores."[18]

Ademais, estão também disciplinados os horários de veiculação dessa publicidade, quanto à programação regular ou de linha, fica estabelecido: comerciais, spots, inserts de vídeo, textos-foguete, caracterizações de patrocínio, vinhetas de passagem e mensagens de outra natureza, inclusive o *merchandising* ou publicidade indireta, publicidade virtual e as chamadas para os respectivos programas só serão veiculados no período compreendido entre 21h30 (vinte e uma horas e trinta minutos) e 6h (seis horas).

O Código Brasileiro de Autorregulamentação Publicitária também determina aos anunciantes as chamadas "cláusulas de advertência" que deverão estar presentes em todos os anúncios. A cláusula de advertência conterá uma das seguintes frases:

---

[18] Além dessas regras, o Anexo "A" ainda determina: eventuais apelos à sensualidade não constituirão o principal conteúdo da mensagem; modelos publicitários jamais serão tratados como objeto sexual; não conterão cena, ilustração, áudio ou vídeo que apresente ou sugira a ingestão do produto; não serão utilizadas imagens, linguagem ou argumentos que sugiram ser o consumo do produto sinal de maturidade ou que ele contribua para maior coragem pessoal, êxito profissional ou social, ou que proporcione ao consumidor maior poder de sedução; apoiados na imagem de pessoa famosa, adotar-se-ão as mesmas condicionantes dispostas no item 2, letras "a", "b", "c" e "d" do Anexo "Q" – Testemunhais, Atestados e Endossos; não serão empregados argumentos ou apresentadas situações que tornem o consumo do produto um desafio nem tampouco desvalorizem aqueles que não bebam; jamais se utilizará imagem ou texto que menospreze a moderação no consumo; não se admitirá que sejam elas recomendadas em razão do teor alcoólico ou de seus efeitos sobre os sentidos; referências específicas sobre a redução do teor alcoólico de um produto são aceitáveis, desde que não haja implicações ou conclusões sobre a segurança ou quantidade que possa ser consumida em razão de tal redução; não se associará positivamente o consumo do produto à condução de veículos; não se encorajará o consumo em situações impróprias, ilegais, perigosas ou socialmente condenáveis; não se associará o consumo do produto ao desempenho de qualquer atividade profissional; não se associará o produto a situação que sugira agressividade, uso de armas e alteração de equilíbrio emocional e não se utilizará uniforme de esporte olímpico como suporte à divulgação da marca. – Disponível em http://www.conar.org.br/ Acesso em 19.10.2013.

- "BEBA COM MODERAÇÃO"
- "A VENDA E O CONSUMO DE BEBIDA ALCOÓLICA SÃO PROIBIDOS PARA MENORES"
- "ESTE PRODUTO É DESTINADO A ADULTOS"
- "EVITE O CONSUMO EXCESSIVO DE ÁLCOOL"
- "NÃO EXAGERE NO CONSUMO"
- "QUEM BEBE MENOS, SE DIVERTE MAIS"
- "SE FOR DIRIGIR NÃO BEBA"
- "SERVIR BEBIDA ALCOÓLICA A MENOR DE 18 É CRIME"

Em 1996, o Congresso aprovou a Lei nº 9.294/96, denominada Lei Murad, que disciplina o § 4º do art. 220 da Constituição. A lei sofreu um lobby tremendo no congresso e acabou não tendo a efetividade esperada. Em seguida, o então ministro da saúde José Serra elaborou e conseguiu aprovar a Lei nº 10.167/00, que cuida apenas da publicidade do tabaco. O Ministério Público Federal ajuizou recentemente Ação Civil Pública que tramita na Justiça Federal na Seção Judiciária de São José dos Campos, sob o número 2008.61.03.007791-6, em face das principais indústrias de cerveja no Brasil, quais sejam, Ambev, Femsa e Schincariol, que juntas respondem por 90% das vendas de bebidas alcoólicas no País. A referida ação pleiteia o pagamento de indenização em favor da sociedade para investimento na prevenção e tratamento dos malefícios causados pelo consumo de álcool no Brasil.

CONCLUSÃO

O presente trabalho procurou demonstrar os principais aspectos relacionados ao controle e fiscalização da publicidade no Brasil. Na elaboração do nosso Código, o controle da publicidade teve influência direta do *Projet de Code de la Consommation* francês, também do art. 5º do *Federal Trade Commssion Act*, das decisões administrativas do *Federal Trade Commission* e ainda com base na Diretiva 84/450 da CEE de 1984.

Também foi objeto de análise que a publicidade, no Brasil, assim como outros ramos da atividade humana também está sujeita a controle. A primeira forma de controle é a estatal, em seguida tem-se o controle privado e finalmente encontra-se um controle misto.

O Brasil adotou um sistema misto de controle da publicidade. Tal modalidade de controle possui um órgão autorregulamentador – o CONAR – Conselho Nacional de autorregulamentação publicitária e o Código Brasileiro autorregulamentação publicitária.

O Código de Defesa do Consumidor é um importante instrumento de aperfeiçoamento da publicidade brasileira. Os profissionais brasileiros já receberam os maiores prêmios internacionais do ramo, devido, principalmente à sua criatividade. Mas a publicidade, como meio de divulgação dos produtos e serviços afeta diretamente a todos, principalmente aqueles mais vulneráveis no mercado de consumo, como as crianças, os idosos etc.

Mesmo com vários avanços no setor, principalmente depois do advento do Código de Defesa do Consumidor, o Brasil ainda tem muitos desafios a enfrentar, ramos estratégicos da publicidade ainda são ponto de divergência na doutrina e, apesar dos avanços dos últimos anos, é cediço que ideal ainda está longe de ser alcançado.

REFERÊNCIAS BIBLIOGRÁFICAS

BENJAMIN, Antônio Herman V., MARQUES, Claudia Lima, BESSA, Leonardo Roscoe, *Manual de Direito do Consumidor.* 5 ed. Revista, Atualizada e ampliada. São Paulo: Revista dos Tribunais, 2013.

MARQUES, Cláudia Lima, BENJAMIM, Antônio Herman v., MIRAGEM, Bruno. *Comentários ao Código de Defesa do Consumidor.* 3 ed. Revista, atualizada e ampliada. São Paulo: Editora Revista dos Tribunais, 2010.

MIRAGEM, Bruno. *Curso de Direito do Consumidor.* 4 ed. Revista, atualizada e ampliada. São Paulo: RT, 2013.

OLIVEIRA, Júlio Moraes. *Curso*: Direito do Consumidor Completo. Belo Horizonte: D'Plácido Editora, 2014.

OLIVEIRA, Júlio Moraes. *Consumidor-empresário*: a defesa do finalismo mitigado. Belo Horizonte: Arraes Editores, 2012.

OLIVEIRA, Júlio Moraes. *A aplicação do CDC ao empresário e à sociedade empresária*: Do maximalismo ao finalismo mitigado. In Revista Magister de Direito Empresarial, Concorrencial e do Consumidor. v. 51. Porto Alegre: Magister – Jun/Jul 2013. p. 42-69.

OLIVEIRA, Júlio Moraes. *A aplicação do CDC ao empresário e à sociedade empresária*: Do maximalismo ao finalismo mitigado. In Revista Jurídica Lex. v. 63. São Paulo: Lex – mai/Jun 2013. p. 111-135.

SCARTEZZINI GUIMARÃES, Paulo Jorge. *A publicidade ilícita e a responsabilidade civil das celebridades que dela participam*. São Paulo: RT, 2003.

A REPERCUSSÃO PROCESSUAL DO REQUISITO MÁ-FÉ PARA A CONDENAÇÃO DE REPETIÇÃO DE INDÉBITO À LUZ DO CÓDIGO DE DEFESA DO CONSUMIDOR

Hudson Gilbert de Oliveira[1]
Thiago Augusto de Freitas[2]

1. INTRODUÇÃO

Em uma sociedade cada vez mais marcada pela universalidade dos meios de produção e consumo vêem-se incontáveis relações jurídicas, dentre elas, as relações de consumo.

Tais relações há muito deixaram de ser vistas de forma simplista e reduzida à formula: entrega de dinheiro gera entrega de produtos e serviços.

Após essa mudança de concepção, o direito do consumidor ganha status constitucional, com regulação própria por meio da Lei 8.078/90.

---

1 Graduado e Pós-Graduando em Direito Processual pela PUC MG. Advogado da Torres, Oliveira & Freitas Advogados. Ex-professor Substituto de Prática Processual da PUC/MG – Contagem. Membro da Comissão de Direito do Consumidor da OAB/MG.

2 Graduado e Pós-Graduado em Direito pela PUC MG. Advogado da Torres, Oliveira & Freitas Advogados. Professor de Direito das Sucessões e do Consumidor da NEWTON, BH. Membro da Comissão de Direito do Consumidor da OAB/MG. Conselheiro do Conselho Municipal de Defesa do Consumidor COMDECON/BH.

Nesse texto normativo os direitos básicos da relação encontram-se presentes com finalidades diversas, dentre elas a proteção do consumidor contra os abusos cometidos pelo fornecedor, o que ocorre, por exemplo, no controle e cobrança da inadimplência.

Com este foco é que se teve a regulação da cobrança indevida prevendo cominações quando ocorrida, tais como a devolução em dobro.

Ocorre que algumas decisões judiciais no âmbito das relações de consumo têm exigido a prova da má-fé do fornecedor para a condenação da repetição do indébito de forma duplicada. Seria, porém, a prova da má-fé, um requisito para a condenação?

A princípio não, já que os dispositivos legais não trazem qualquer menção da necessidade de má-fé. Ademais, a interpretação sistemática da lei consumerista demonstra a clara contradição à necessidade dessa prova, ainda mais quando se coloca essa necessidade ao consumidor, parte hipossuficiente da relação.

O estudo dessa exigência da má-fé se revela de grande importância para os consumidores, bem como para os operadores do direito, os quais poderão rever suas condutas antes e depois do ajuizamento da ação. O momento se revela propício para a pesquisa em discussão, já que o cenário vivido na economia nacional é propício para as relações consumeristas e as repercussões dela advindas. Para viabilizar a pesquisa se usará de fontes doutrinárias e jurisprudenciais.

2. AS ATUAIS CONCEPÇÕES DE CONSUMIDOR E DO FORNECEDOR

A concepção do que se entende por consumidor fora transformada gradativamente com a evolução dos paradigmas de Estado.

No paradigma do Estado Liberal, pós Revolução Francesa, temse o surgimento dos ideais de Liberdade, Igualdade e Fraternidade. Com eles vieram às revoluções industriais e a expansão do mercado de consumo. Nesse contexto, se constatava a liberdade de contratar, com a concepção de que o contrato fazia força entre as partes. O que implicava em uma quase que inexistente defesa do consumidor.

Com a superação do Estado Liberal e o conseqüente surgimento do Estado Social se verifica a intervenção do Estado na Economia bem como nos contratos advindos dessa atividade. É com este espírito que temos o surgimento dos direitos da segunda geração (igualdade), oportunidade na qual o Estado efetivamente inicia a Intervenção na Economia e nas relações de consumo.

Por fim, com a substituição do Estado Social pelo Democrático de Direito, que oportuniza a todos serem co-participes das decisões do Estado, é que os direitos fundamentais ganham guarida. Na Constituição da República Federativa do Brasil, são exemplos claros os Art. 5º XXXII e 170.

Assim em 11 de setembro de 1980 foi promulgada a Lei Ordinária Federal de n. 8.078 intitulada Código de Proteção e Defesa do Consumidor – CDC.

No artigo 2º, logo de início, tal dispositivo legal já traz o que se entende por consumidor, sendo-o "toda pessoa física ou jurídica que adquire ou utiliza produto ou serviço como destinatário final". Neste contexto, resta facilmente constatado que para a correta compreensão do termo destinatário final se torna crucial para a definição de consumidor.

Todavia, a ideia de destinatário final não restou esclarecida, posto que ser destinatário final é retirar o bem do mercado(ato objetivo). Mas, se o sujeito adquire o bem para utilizá-lo em sua profissão, adquirindo como profissional (elemento subjetivo) também deve ser considerado como consumidor?

Para os finalistas como Cláudia Lima Marques (2010, p.84) destinatário final seria aquele destinatário fático e econômico, seja ele pessoa física ou jurídica. Segundo esta interpretação teleológica não basta ser destinatário fático do produto (retirá-lo) da cadeia de produção, levá-lo para o escritório ou residência, é necessário ser destinatário econômico do bem. Ou seja, não adquiri-lo para revenda ou para uso profissional. Neste caso não haveria destinatário final. Consumidor seria, então, aquele que utiliza o bem para seu consumo próprio e da sua família e não o profissional já que o fim do CDC seria proteger um grupo específico de pessoas. Porém, essa corrente aceita exceções de pequenas empresas ou profissional que adquire um bem fora do seu ramo. Essa análise deve ser feita pelo judiciário.

Em contraponto, têm-se os maximalistas, para os quais, o consumidor seria o destinatário fático, ou seja, qualquer pessoa física ou jurídica que consome, não importa que seja para uso próprio ou da sua família.

Isso, por que:

> [...] os maximalistas viam nas normas do CDC o novo regulamento do mercado de consumo brasileiro, e não normas orientadoras para proteger somente o consumidor não profissional. O CDC seria um código geral sobre o consumo, um código para a sociedade de consumo, que institui normas e princípios para todos os agentes de mercado, os quais podem assumir os papeis ora de fornecedor, ora de consumidores (BENJAMIM, 2010, p.85)

Sendo uma terceira via, a teoria mista ou finalismo aprofundado o critério para definição do consumidor é a vulnerabilidade, reconhecendo como consumidor a pessoa física ou jurídica que adquire o produto ou utiliza o serviço, mesmo em razão de equipamentos ou serviços que sejam auxiliadores de sua atividade econômica. Surge aqui a interpretação da vulnerabilidade do consumidor.

Por vulnerabilidade, como nos ensina Antônio Herman Benjamim, podemos entender como "uma situação permanente ou provisória, individual ou coletiva, que fragiliza, enfraquece o sujeito de direitos, desiquilibrando a relação de consumo" (BENJAMIN, 2010, p.87).

Esta teoria, aliás, é que tem tomado força junto aos nossos Tribunais, em especial no STJ:

> "1. A jurisprudência do STJ se encontra consolidada no sentido de quea determinação da qualidade de consumidor deve, em regra, ser feitamediante aplicação da teoria finalista, que, numa exegese restritivado art. 2º do CDC, considera destinatário final tão somente odestinatário fático e econômico do bem ou serviço, seja ele pessoafísica ou jurídica.2. Pela teoria finalista, fica excluído da proteção do CDC o consumointermediário, assim entendido como aquele cujo produto retorna paraas cadeias de produção e distribuição, compondo o custo (e,portanto, o preço final) de um novo bem ou serviço. Vale dizer, sópode ser considerado consumidor, para fins de tutela pela Lei nº8.078/90, aquele que exaure a função econômica do bem ou serviço,excluindo-o de forma definitiva do mercado de consumo.3. A jurisprudência do STJ, tomando por base o conceito deconsumidor por equiparação previsto no art. 29 do CDC, tem evoluídopara uma aplicação temperada

da teoria finalista frente às pessoasjurídicas, num processo que a doutrina vem denominando finalismoaprofundado, consistente em se admitir que, em determinadashipóteses, a pessoa jurídica adquirente de um produto ou serviçopode ser equiparada à condição de consumidora, por apresentar frenteao fornecedor alguma vulnerabilidade, que constitui oprincípio-motor da política nacional das relações de consumo,premissa expressamente fixada no art. 4º, I, do CDC, que legitimatoda a proteção conferida ao consumidor[...] (BRASIL, Superior Tribunal de Justiça.CONSUMIDOR. DEFINIÇÃO. ALCANCE. TEORIA FINALISTA. REGRA. MITIGAÇÃO. FINALISMO APROFUNDADO. CONSUMIDOR POR EQUIPARAÇÃO.VULNERABILIDADE.REsp 1195642 / RJ RECURSO ESPECIAL 2010/0094391-6, Relatora Ministra NANCY ANDRIGHI, Data do Julgamento 13/11/2012, publicado no DJE em 21/11/2012, RDDP vol. 120 p. 135, RJP vol. 49 p. 156, disponível em http://www.stj.jus.br/SCON/jurisprudencia/toc.jsp?tipo_visualizacao=null&livre=finalista+e+aprofundado&b=ACOR&thesaurus=JURIDICO, acessado em 13/08/2014)

Destarte, para a melhor compreensão da ideia de consumidor se faz necessária a análise da vulnerabilidade.

Superada a análise do conceito de consumidores, é mister uma digressão pelo que se entende por fornecedor, o qual, de acordo como art. 3º do Código de Defesa do Consumidor é:

> “todo pessoa física ou jurídica, pública ou privada, nacional ou estrangeira, bem como os entes despersonalizados, que desenvolvem atividades de produção, montagem, criação, construção, transformação, importação, exportação, distribuição ou comercialização de produtos ou prestação de serviços.§ 1° Produto é qualquer bem, móvel ou imóvel, material ou imaterial. § 2° Serviço é qualquer atividade fornecida no mercado de consumo, mediante remuneração, inclusive as de natureza bancária, financeira, de crédito e securitária, salvo as decorrentes das relações de caráter trabalhista.” (BRASIL. Lei 8078 de 11 de setembro de 1990, publicada no D.O.U. de 12.9.1990 - (Edição extra) e retificado no DOU de 10.1.2007, disponível emhttp://www.planalto.gov.br/ccivil_03/leis/l8078.htm, acessado em 13/08/2013)

Pois bem, do citado artigo acima se vê que para a melhor compreensão do que seja fornecedor é necessário que se tenha por completo a compreensão do termo desenvolvem atividade, ou seja, conforme Leonardo de Medeiros Garcia (2009, 25) somente será fornecedor aquele que pratica determinada atividade com habitualidade.

Ainda sobre o tema continua:

> "Nesse sentido, quando a escola oferece cursos não gratuitos no mercado, por praticar(desenvolver) a atividade de ensino, será considerada fornecedor. Agora, quando essa mesma escola resolve vender o veículo que serve para transportar professores, não estará atuando com habitualidade, pois não desenvolve a atividade de compra e venda de veículos. Nesse caso, ainda que se tenha do outro lado uma pessoa física adquirindo o veículo, a escola não será considerada fornecedora, não se estabelecendo, portanto, uma relação de consumo". (GARCIA, 2009, 25)

João Batista de Almeida, citado por Garcia (2009, 25) traz brilhantes ensinamento sobre o tema:

> "fornecedor é não apenas que produz ou fabrica, industrial ou artesanalmente, estabelecimentos industriais centralizados ou não, como também que vende, ou seja, comercializa produtos nos milhares e milhões de pontos de venda espalhados por todo o território nacional. Nesse ponto, portanto, a definição de fornecedor se distancia da de consumidor, pois, enquanto este há de ser o destinatário final, tal exigência já não se verifica quanto ao fornecedor, que pode ser o fabricante originário, o intermediário ou o comerciante, bastando que faça disso sua profissão ou atividade profissional"ALMEIDA, João Batista de, apud Garcia (2009, p. 26)

Destarte, resta demonstrado que teologicamente o conceito de fornecedor é o mais abrangente possível, já que busca a efetiva proteção do consumidor em suas várias relações.

3. AS ATUAIS VANTAGENS PROCESSUAIS DE SE DEMANDAR COMO CONSUMIDOR

O consumidor em juízo está amparado por uma série de facilitações que a Lei nº 8.078/90 lhe confere, sobretudo diante da verossimilhança do alegado ou da sua hipossuficiência de recursos e técnica.

Ao se fazer uma leitura mais detida dos dispositivos da referida lei, sobretudo o artigo 6º[3], podemos perceber que o legislador criou um microssistema processual que deve ser observado quando se tem no polo da lide um consumidor em detrimento do fornecedor. As garantias de facilitação na defesa, interpretação favorável de contratos e inversão do ônus da prova repercutem de forma profunda não só no direito material em si como no direito processual, vez que a distribuição e valoração das provas devem estar atreladas à obediência destes dispositivos.

Diferente do que ocorre na prática processual ordinária, a distribuição do ônus de prova não segue rigorosamente o disposto no artigo 333 do Código de Processo Civil. Isto porque o consumidor, autor em juízo, pode não ser obrigado a produzir as provas do fato constitutivo do seu direito (333, I do CPC) se o Magistrado, aplicando o disposto no inciso XIII do artigo 6º do CDC, inverter o ônus de prova.

Esta facilitação em juízo prestigia o consumidor em detrimento do fornecedor, pois este, além de já estar ciente dos riscos de sua atividade, tem mais facilidade de produzir provas do que o consumidor que muita das vezes é totalmente leigo.

Mesmo diante das facilidades que o legislador pátrio houve por bem estabelecer para o consumidor em juízo, não é raro depararmos com situações um tanto quanto estranhas na prática processual, sobretudo no que tange ao ônus da prova.

Esta **obrigação – para uns faculdade** – que a lei trouxe de se inverter o ônus de prova em favor do consumidor e facilitar a defesa em juízo tem se chocado fortemente com regras processuais como livre convencimento motivado do juiz e princípio dispositivo. Talvez por uma prática indiscriminada de inversão do ônus da prova em sentença em detrimento dos fornecedores em juízo, iniciou-se um processo de criação de **requisitos judiciais** para amparar o direito dos consumidores. Um destes requisitos judiciais que a jurisprudência tem firmado é o da

---

3 Art. 6º São direitos básicos do consumidor:

(...)

VIII - a facilitação da defesa de seus direitos, inclusive com a inversão do ônus da prova, a seu favor, no processo civil, quando, a critério do juiz, for verossímil a alegação ou quando for ele hipossuficiente, segundo as regras ordinárias de experiências.

má-fé em pedido de repetição de indébito, que tem massacrado a pretensão dos consumidores em litígio afrontando a norma consumeirista.

Revela-nos ainda importante antes de apontar os equívocos deste requisito, tecer considerações breves acerca desta inversão indiscriminada do ônus da prova em sentença, que agora também tem ocorrido em prejuízo do consumidor.

A inversão do ônus da prova, no nosso entendimento, deve ser manifestada pelo Juízo antes de proferir a sentença, ainda em despacho saneador, evitando assim cerceamento de defesa. Neste sentido, Fred Didier Jr., posicionou-se em sua obra.

> A previsão da inversão do ônus da prova amolda-se perfeitamente ao princípio constitucional da isonomia, na medida em que trata desigualmente os desiguais (consumidor e fornecedor) – desigualdade essa reconhecida pela própria lei. Assim, a inversão pode dar-se em qualquer ação ajuizada com fundamento no CDC.A regra de inversão do ônus da prova é regra de processo, que autoriza o desvio de rota; não se trata de regra de julgamento, como a que distribui o ônus da prova. Assim, deve o magistrado anunciar a inversão antes de sentenciar e em tempo do sujeito onerado se desincumbir do encargo probatório, não se justificando o posicionamento que defende a possibilidade de a inversão se dar no momento do julgamento, pois 'se fosse lícito ao magistrado operar a inversão do ônus da prova no exato momento da sentença, ocorreria a peculiar situação de, simultaneamente, se atribuir um ônus ao réu, e negar-lhe a possibilidade de desincumbir-se do encargo que antes inexistia. (r., Fredie Didier; Braga, Paula Sarno; Oliveira, Rafael. *Curso de Direito Processual Civil*. Vol. 2. 7ª Ed. Salvador: juspodivm, 2012, p. 85-88.)

Desta feita, conforme demonstrado, várias são as benesses de litigar em juízo como consumidor, em especial a responsabilidade objetiva do fornecedor, a inversão do ônus da prova e a cadeia de responsabilidades solidária.

4. O REQUISITO DA MÁ-FÉ NA REPETIÇÃO DO INDÉBITO E A RE-INVERSÃO DO ÔNUS DA PROVA EM SEDE DE SENTENÇA

Não é raro nos depararmos com decisões judiciais – em processo cuja discussão é repetição de indébito apoiada no artigo 42 do Código de Defesa do Consumidor – que julga improcedente o pleito do consumidor ao fundamento de ausência de prova da má-fé do fornecedor.

Em que pese a jurisprudência ter caminhado neste sentido, principalmente nos Juizados Especiais, parece-nos um tanto quanto contrário ao espírito da legislação consumeirista e afronta ao próprio dispositivo legal que se baseia, a determinação ao consumidor de prova da má-fé do fornecedor para se deferir a repetição do indébito, ainda mais em sentença.

O STJ, apesar de posições distintas das Turmas, tem entendimento majoritário no sentido de que deve haver prova da má-fé (dolo) para se aplicar a penalidade da repetição do indébito. Interessante lembrar que naquela Corte houve ampla discussão inclusive sobre dolo e culpa no caso do artigo 42 do CDC.

E, apesar da ampla discussão judicial sobre a má-fé (dolo) e erro justificável (culpa), parece-nos que não se deliberou sobre o espírito da norma que trouxe uma causa de excludente de responsabilidade, e não um requisito para deferimento da repetição de indébito.

Em recente julgado, a Segunda Turma do Superior Tribunal de Justiça confirmou o entendimento de que a sanção só se aplicaria no caso de prova de engano injustificável. Assim restou ementado:

> CONSUMIDOR. REPETIÇÃO DE INDÉBITO. ART. 42, PARÁGRAFO ÚNICO, DO CDC. ENGANO JUSTIFICÁVEL. NÃO CONFIGURAÇÃO. ART. 21 DO CPC. SÚMULA 211/STJ. 1. O Tribunal de origem afastou a repetição em dobro dos valores cobrados indevidamente a título de tarifa de água e esgoto, por considerar que não se caracterizou má-fé ou culpa na conduta da concessionária. 2. "**Nos termos da jurisprudência da Segunda Turma, não se considera erro justificável a hipótese de 'dificuldade de interpretação e/ou dissídio jurisprudencial'. Precedentes: (...). No Código Civil, só a má-fé permite a aplicação da sanção. Na legislação especial, tanto a má-fé como a culpa (imprudência, negligência e imperícia) dão +ensejo à punição do fornecedor do produto em restituição em dobro" (AgRg no REsp 1.117.014/SP, Rel. Ministro Humberto Martins, j. 2.2.2010, DJe 19.2.2010). 3. No presente caso, o Tribunal a quo consigna expressamente que "a sanção explicitada no parágrafo único do art. 42 do Código de Defesa do Consumidor**

somente é aplicável nos casos em que se verifique a ocorrência de engano injustificável do fornecedor ou prestador de serviços na cobrança dos débitos, hipótese que não se enquadra no vertente caso, em que se registra a e existência de acentuada divergência no concernente a interpretação das disposições constantes no Decreto Estadual nº 21.123/83". 4. Inexistindo culpa da concessionária, inaplicável a condenação de devolução em dobro. 5. O Tribunal de origem não emitiu juízo de valor sobre o art. 21, parágrafo único, do Código de Processo Civil. Incide, na espécie, a Súmula 211/STJ. 6. Em conformidade com a orientação remansosa do Superior Tribunal de Justiça, caberia à parte, nas razões do seu Recurso Especial, alegar violação do art. 535 do CPC, a fim de que o STJ pudesse averiguar a existência de possível omissão no julgado, o que não foi feito. 7. Agravo Regimental da Casa de Nossa Senhora da Paz não provido; Agravo Regimental da Companhia de Saneamento Básico do Estado de São Paulo - Sabesp parcialmente provido para afastar a aplicação do art. 42, parágrafo único, do Código de Defesa do Consumidor. AgRg no REsp 1308651 SP 2011/0082439-6, Ministro Herman Benjamim, julgamento 07/05/2013, Segunda Turma, DJe 17/05/2013

Eis ai o problema, pois, a interpretação do dispositivo desta forma criou um ônus probatório ao consumidor injustificadamente. Há clara alteração no ônus de prova, *opejudicis,* que contraria o caráter protetivo do Código de Defesa do Consumidor, já que a prova do engano justificável deve ser, por evidencia, ônus do credor.(Nunes, 2013, 642).

Outro fato que chama a atenção é o momento processual em que se estabelece este ônus de prova. A prática hodierna tem nos demonstrado que este ônus tem sido imposto ao consumidor em sede de sentença, quando se toma conhecimento de que deveria ter produzido prova da má-fé do fornecedor.

Revela-se um tanto quanto estranho a imposição de um ônus (inexistente) ao consumidor em sentença enquanto a providência inicial que se deveria tomar em litígio desta natureza deveria ser a manifestação sobre a inversão do ônus da prova conforme determina o inciso VIII do artigo 6º do Código de Defesa do Consumidor.

Quando o Juízo não manifesta em saneador sobre a inversão do ônus da prova em favor do consumidor e profere sentença improcedente com relação ao pedido de repetição de indébito por ausência de prova da má-fé, além de trazer em sentença um requisito que a lei não impõe, inverte o ônus de prova contra o consumidor.

Quando o Juízo manifesta inicialmente pela inversão do ônus da prova e em sentença julga improcedente o pedido de repetição do indébito por ausência de prova da má-fé, **re-inverte,** o ônus de prova em sentença, o que é mais nefasto que a situação anterior.

O artigo 42 do Código de Defesa do Consumidor é imperativo ao afirmar que a cobrança indevida gera o direito à repetição de indébito. Contudo, o legislador houve por bem trazer hipótese de escusa ao réu, qual seja: prova de erro justificável.

A regra é condenação à devolução em dobro com prova da cobrança indevida (cobrar o que não se deve), já a exceçao é a prova de erro justificável pelo réu.

Entende-se, assim, que o que ocorre na prática é que a regra passou a ser exceção e vice-versa. E por fim, como excludente que se pretendeu afirmar a jurisprudência, quer seja de culpa ou dolo, tal prova só pode recair sobre o réu.

Caso contrário, estar-se-ia frente a uma afronta aos princípios norteadores da relação de consumo, com clara e desproporcional re-inversão do ônus da prova.

5. CONSIDERAÇÕES FINAIS

Viu-se que a relação de consumo é aquela que se estabelece entre consumidor e fornecedor, tendo como foco a prestação de um serviço ou fornecimento de um produto.

Litigar em juízo sob as proteções dos princípios inerentes à relação de consumo traz ao consumidor benesses várias, tais como a inversão do ônus da prova, a responsabilidade objetiva do fornecedor bem como a cadeia de responsabilidades solidárias.

Todavia, o que se tem visto nos julgados recentes é que ao decidir acerca da cobrança indevida de dívida do consumidor pelo fornecedor os tribunais têm exigido do consumidor a realização de prova de que a conduta do fornecedor estava viciada de má-fé.

Inobstante, pode-se concluir que ao exigir-se do consumidor a prova de conduta de má-fé do fornecedor vai de encontro com os princípios da relação de consumo, em especial a vulnerabilidade do consumidor.

Não bastasse, ao imputar ao consumidor o ônus da prova ocorre clara re-inversão do ônus probatório que fora a ele concedido por ocasião do artigo 6º VIII do CDC, o que seria um retrocesso.

Portanto, para que seja garantido o tratamento diferenciado previsto na Constituição da República – diferenciando inclusive a aplicação da norma especial (consumidor) e da regra geral (Código Civil, artigo 940) –, bem como no CDC, a prática de exigir do consumidor o ônus da má fé do fornecedor deve ser abolida

REFERÊNCIAS

AGUIAR JR., Ruy Rosado de. A boa fé na relação de consumo. **Revista de Direito do Consumidor.** São Paulo. Editora Revista dos Tribunais, n.14,1995.

ARAUJO JUNIOR, Gediel Claudino de. **Prática no Processo Civil: cabimento/ ações diversas, competência, procedimentos, petições, modelos-** 17 ed. São Paulo: Atlas, 2014.

BRASIL. Lei nº 10.406, de 10 de janeiro de 2002. Institui o Código Civil. **Diário Oficial da União**, Brasília, 11 jan. 2002. Disponível em: http://www.planalto.gov.br/ccivil_03/leis/ 2002/l10406.htm>. Acesso em: 20 agosto. 2013.

BRASIL. Lei 8078 de 11 de setembro de 1990, publicada no D.O.U. de 12.9.1990 - (Edição extra) e retificado no DOU de 10.1.2007, disponível em http://www.planalto.gov.br/ccivil_03/leis/l8078.htm, acessado em 29/08/2013.

DINAMARCO, Cândido Rangel. **Instituições de direito processual civil**. 3. ed. São Paulo: Malheiros, 2009. v. 4.

DINIZ, Maria Helena. **Dicionário jurídico**. São Paulo: Saraiva, 1998.

DIDIER, Fredie; BRAGA, Paula Sarno; OLIVEIRA, Rafael. **Curso de Direito Processual Civil**. Vol. 2. 7ª Ed. Salvador: juspodivm, 2012.

GARCIA, Leonardo de Medeiros. **Direito do Consumidor**. 5. ed., Niterói, RJ, Ed. Impetus,2009.

NAUFEL, Jose. **Dicionário de direito civil positivo**: de acordo com o novo código civil e legislação complementar. São Paulo: Ícone, 2010.

NUNES, Luiz Antônio Rizzatto. **Curso de Direito do Consumidor/Rizzatto Nunes.** 8ª ed. ver. E atual. São Paulo. Saraiva,2013.

PEREIRA, Caio Mário da Silva. **Responsabilidade Civil.** 2. ed. Rio de Janeiro: Forense,1990.

Impresso em novembro de 2015